Alle Wissenschaft
jedoch ist Funktion der Seele,
und alle Erkenntnis wurzelt in ihr.
Sie ist das größte aller
kosmischen Wunder.

C. G. Jung, GW 8, § 357

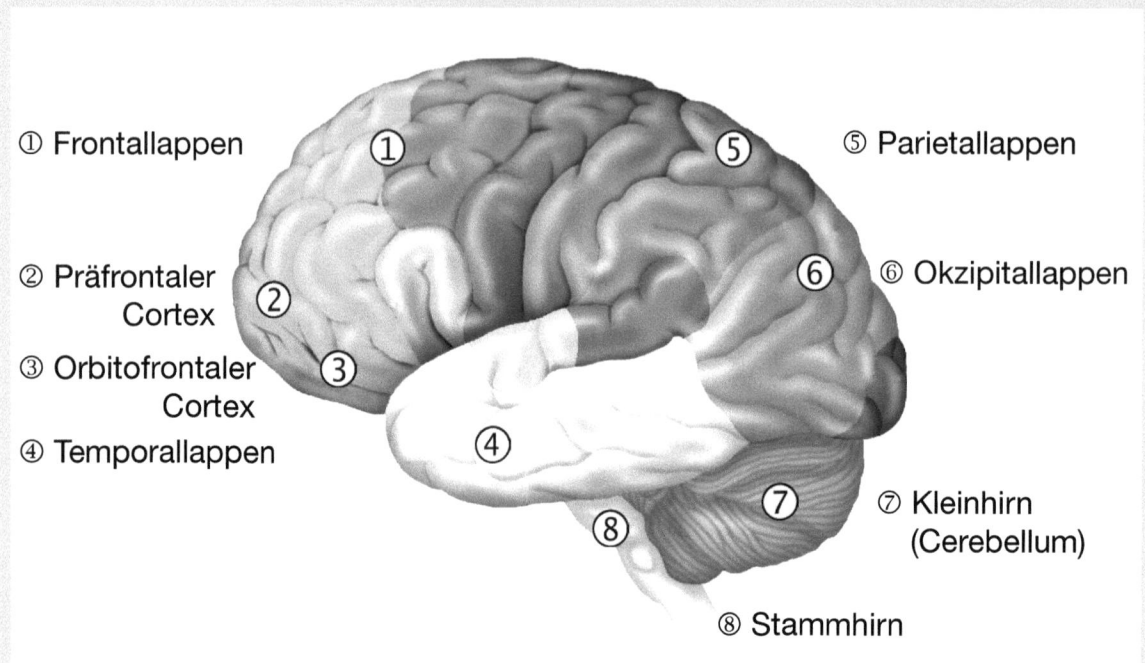

① Frontallappen ⑤ Parietallappen

② Präfrontaler Cortex ⑥ Okzipitallappen

③ Orbitofrontaler Cortex

④ Temporallappen

⑦ Kleinhirn (Cerebellum)

⑧ Stammhirn

Das menschliche Gehirn

① Der **Frontallappen** besteht u.a. aus dem präfrontalen und aus dem assoziativen Cortex mit dem orbifrontalen Cortex. Der Frontallappen ist Hauptsitz des Befehls und Kontrollzentrums des Gehirns, damit werden hier logisches Denken und Problemlösungen entwickelt, es entstehen Urteile, Einfühlungsvermögen und moralische Kategorien. Motorik und Gedächtnis werden unterstützt.

② **Präfrontaler Cortex** wird der am weitesten vorne gelegene Teil des Neocortex genannt, der für die kognitiven Prozesse und die Integration der Emotionen zuständig ist und einen hohen Anteil an der Ausgestaltung der einzelnen Persönlichkeit hat.

③ Der **orbitofrontale Cortex** (orbital = die Augenhöhle betreffend) ist erst in der jüngeren Entwicklungsgeschichte des Menschen entstanden und spielt vermutlich eine zentrale Rolle bei der Bewertung von emotionalen Reizen, für deren Ausgestaltung und für das Erlernen von Emotionen und moralischen und ethischen Werten.

④ Im **Temporallappen** (temporal = an der Schläfe gelegen) liegen Hörrinde (auditiver Cortex) und sensorisches Sprachzentrum (Wernicke-Areal) und einige Bereiche sind zuständig für die Erkennung von auditorischen und visuellen Reizen, z. B. der Gesichtserkennung und für das Kurzzeitgedächtnis.

⑤ Im **Parietallappen** (parietal = zum Scheitelbein gehörig) werden sensorische Informationen verarbeitet, und er kann als Schnittstelle zwischen den Sinnen, vor allem dem visuellen System und dem motorischen System betrachtet werden, koordiniert also z. B. Auge und Hand. Er ist u.a. für räumliches Denken und für Prozesse wie Rechnen und Lesen zuständig. Schmerz- und Berührungsempfindungen werden hier verarbeitet.

⑥ Der **Okzipitallappen** enthält die Sehrinde (visueller Cortex). Er verarbeitet, interpretiert und steuert die visuellen Impulse und kann als Sehzentrum des Gehirns bezeichnet werden.

⑦ Das **Kleinhirn** (Cerebellum) ist für die Steuerung der Motorik und des Gleichgewichts, insbesondere der Koordination und Feinabstimmung sowie der unbewussten Planung und dem Erlernen von Bewegungsabläufen zuständig.

⑧ Das **Stammhirn** umfasst den Hirnstamm und das Zwischenhirn. Der Hirnstamm umfasst das Mittelhirn, die Brücke und das verlängerte Mark (Medulla oblongata). Im verlängerten Mark werden u.a. Atmung, Blutkreislauf, Schluck- und Saugreflex, Husten, Niesen, Würgen und Erbrechen reguliert. Außerdem werden hier Gehirn und Rückenmark verbunden.

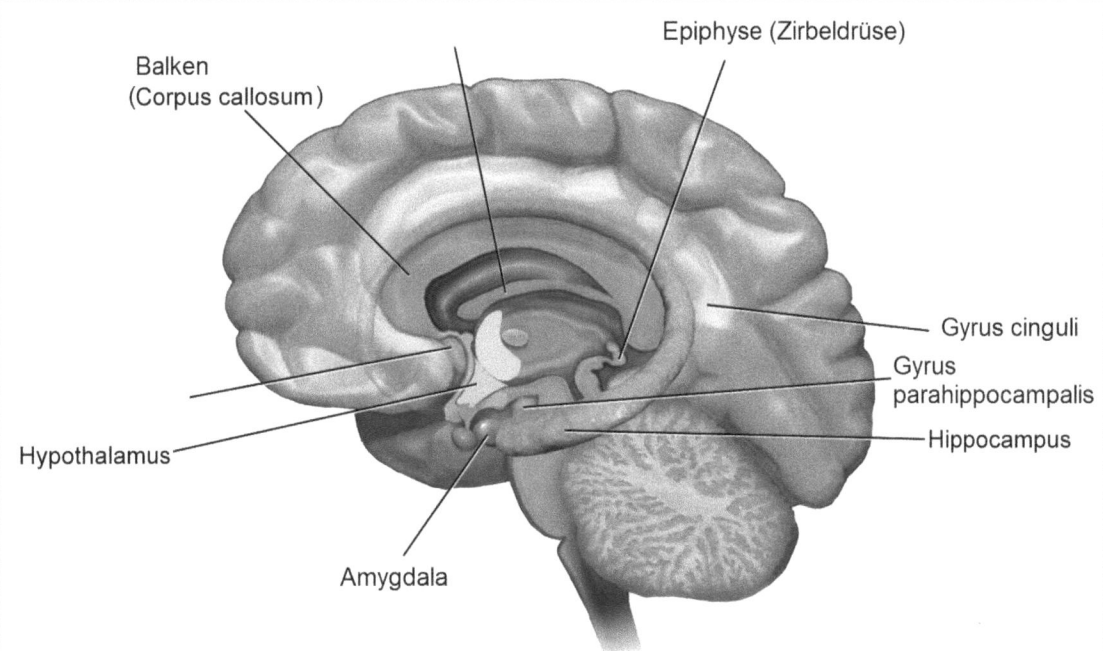

Das limbische System ist nicht auf ein Gehirnareal bezogen, sondern hat Teil an verschiedenen Arealen. Es hat die Funktion der Steuerung des Triebverhaltens und der Emotionen wie Liebe und Angst, des Lernens und des Gedächtnisses, der sozialen Natur (Spiel, Nachahmen, Sorge um den Nachwuchs) und der vegetativen Regulation (Nahrung, Verdauung, Fortpflanzung).

① Der **Thalamus** bekommt Input aus anderen Hirnarealen und Informationen aus den Sinnesorganen und entscheidet, welche Informationen aus dem Körper und den Sinnesorganen zum Großhirn weitergeleitet werden.

② Im **Hypothalamus** werden vegetative Körperfunktionen gesteuert (Hunger, Durst, Schlaf) und er spielt bei der Steuerung von Gefühlen eine wichtige Rolle.

③ Die **Amygdala** speichert vor allem emotional bedeutsame Inhalte wie z. B. Angst ab und spielt damit eine Schlüsselrolle bei Gefühlen und Affekten. Sie kann vegetative und sexuelle Funktionen beeinflussen.

④ Der **Nucleus accumbens** ist u.a. das Belohnungszentrum im Gehirns und als solcher beteiligt am Lernen wie auch z. B. an der Entstehung von Suchterkrankungen oder etwa dem Thrill, den z. B. Jugendliche oder Extremsportler besonders suchen.

⑤ Der **Corpus callosum (Balken)** verbindet die beiden Hirnhemisphären miteinander.

⑥ Der **Fornix** ist funktionell beteiligt an der Speicherung von Kurzzeit- und Lanzzeitgedächnis.

⑦ In der **Epiphyse** wird Melatonin produziert, das den Schlaf-Wach-Rhythmus und weitere Rhythmen des Körpers steuert. Eine Fehlfunktion kann u.a. eine Verzögerung der Geschlechtsentwicklung oder deren vorzeitige Reifung bewirken.

⑧ Der **Gyrus cinguli** ist u.a. für den psycho- und lokomotorischen Bereich der Bewegungen verantwortlich.

⑨ Der **Gyrus parahippocampalis** leitet dem Hippocampus Informationen aus den anderen Bereichen des limbischen Systems zu

⑩ Der **Hippocampus** ist von zentraler Bedeutung für das Gedächtnis.

inhalt

Liebe Leserinnen und Leser,

auf diese Ausgabe haben Sie leider länger warten müssen als üblich. Das hat mehrere Gründe. Einer der Gründe ist, dass wir das Heft mit einem geplanten Symposium im November, an dem wir einige Themen dieses Heftes noch tiefgehender diskutieren, abstimmen wollten.

Jetzt glauben wir, dass uns das gelungen ist und wir freuen uns, Ihnen mit diesem Heft wie auch auf dem Symposium sehr kompetente Autoren auf diesem brisanten Gebiet vorstellen zu dürfen.

Symposium

Wer bin ich wirklich?

19. November 2016 in Stuttgart.
Weitere Infos siehe Seite 54

Was ist aber überhaupt so brisant an der Hirnforschung? Man könnte sich auf den Standpunkt stellen, dass da doch eigentlich nicht viel mehr rauskommen kann, als das, was wir bei einiger guter Menschenkenntnis und Lebenserfahrung eigentlich schon immer gewusst haben. Das Gehirn ist in seiner jetzigen genetisch angelegten Struktur viele Jahrtausende alt und die Menschheit hat in dieser Zeit über tierisches und menschliches Erleben und Verhalten so viele Kenntnisse erworben, dass nicht zu erwarten ist, dass auf einmal ganz neue Einsichten auftauchen.

Dieser Standpunkt ist sicherlich gerechtfertigt und insofern könnten wir auch gelassen abwarten, was sich da weiter ergibt. Insbesondere auch für die Tiefenpsychologie könnte die Hirnforschung weniger etwas Bedrohliches als vielmehr ein Glücksfall gewesen sein, denn sie bestätigt bisher sehr viele ihrer Grundannahmen. Viele Fragestellungen, wie z. B. die von frühkindkindlichen Prägungen, von unbewussten konflikthaften wie kreativen Einflüssen auf das menschliche Erleben und Verhalten, wurden von der akademischen Psychologie lange Zeit wenig beachtet, wenn nicht sogar verleugnet, und erfahren nun eine beachtliche Renaissance.

Wie der amerikanische Psychologe John Bargh, Professor an der Yale-Universität, die Situation in einem Interview (Bargh 2011) formuliert:

Seit wir daran forschen, geht es immer nur in eine Richtung. Es heißt nie: „Oh, wir dachten, das wäre unbewusst und jetzt haben wir herausgefunden, es ist doch bewusst." Nein, ganz im Gegenteil, je mehr wir forschen, desto mehr lernen wir, dass das Bewusste immer weniger und weniger wird …

Das ist sicher eine bittere Pille für alle kognitiv-behavioral eingestellten Psychologen, die lange Zeit mit der „black box" innerer psychischer Prozesse nichts zu tun haben wollten. Die ängstlich gemiedene und abgewertete „black box" erweist sich nun als das weitgehend unbewusst arbeitende „Motherboard", der „Zentralprozessor" und das „Betriebssystem" des Psychischen. Bewusste Gedanken und Verhaltensweisen sind nicht die Ursachen, sondern die Resultate vorauslaufender interner, sich selbst organisierender Vorgänge, von denen wir das Allermeiste gar nicht mitbekommen.

Wo man in der Verhaltenspsychologie zuvor bemüht war, einfachste lineare Reiz-Reaktionsmodelle aufzustellen, die sich am Verhalten von Plattwürmern, Mäusen und Tauben orientierten, sieht man sich nun mit einem höchst komplexen und kreativen bio-psycho-sozialen Organismus konfrontiert. Ständig entwickeln, entfalten und konstruieren sich bewusste und unbewusste Wahrnehmungen, Emotionen und Kognitionen, Bewusstsein, Erleben und Verhalten eines Individuums. In diesem Prozess ist es ebenso aktiv wie passiv, ebenso bewusst wie unbewusst: Es ist fortwährend regulativen Prozessen von Außen und von Innen ausgesetzt und wirkt immer auch rückwirkend auf seinen Gesamtorganismus und auf seine natürliche und soziale Umwelt ein. Es ergeben sich unendliche interne Feedbacks und Schleifen, hier verläuft nichts eindeutig linear, sondern vieldeutig zirkulär, rekursiv, synergetisch, experimentell, paradox, kreativ, oft auch chaotisch, unvorhersehbar, unvorhersagbar. Und das alles, ohne dass wir es recht bemerken oder gar steuern könnten.

Nach Schätzungen von G. Roth kommen auf eine bewusste Informationseinheit jeweils eine Million unbewusster Informationen (vgl. dazu den Artikel von B. Leibig in diesem Heft). Das Gehirn ist also weit überwiegend mit der Verarbeitung interner Prozesse beschäftigt.

Eine bewusste Wahrnehmung vieler dieser unbewussten Hintergrundsprozesse würde uns nicht nur bei Weitem überfordern, sondern die Prozesse auch stören und ein einigermaßen übersichtliches und klares Bewusstsein unmöglich machen.

Der relative kleine „Arbeitsspeicher" des Bewusstseins kann nur funktionieren, wenn zuvor eine Unmenge von äußeren wie inneren Reizen ständig nach „wichtig" und „unwichtig", nach „bekannt" und „unbekannt" bewertet, selektiert, ausgefiltert und zu relativ einfach strukturierten Mustern und Gestalten modelliert wird, mit denen wir dann bewusst umgehen können.

Mit den Neurowissenschaften erfüllt sich eine alte Hoffnung Sigmund Freuds, die Psychologie auf eine neurobiologische Basis zu stellen, eine Hoffnung, die sich damals noch nicht erfüllen konnte, weil dazu geeignete Methoden fehlten.

Auch für C. G. Jung müssten die Neurowissenschaften eine sehr willkommene Entwicklung sein, denn sie bestätigen viele seiner Hypothesen, wie z. B. die von der Selbstregulation der Psyche, dem Primat der Psyche (siehe S. 62) und dem kollektiven Unbewussten.

Die Ähnlichkeit der Verhaltensweisen, Symbole und Mythenmotive in ihrem Vorkommen auf der ganzen Erde fand Jung in der Entwicklungsgeschichte der vererbten Struktur des Gehirns begründet, eine Hypothese, die heute als bestätigt gelten kann. Unsere Hirnstruktur ist wie der ganze Organismus das Ergebnis eines millionenjahrelangen evolutionären Anpassungsprozesses. Das arttypische Funktionieren unseres Körpers und Nervensystems lässt alle Menschen und genetisch verwandte Tiere in ähnlicher Weise leben, fühlen und reagieren.

Natürlich konnten die Annahmen Freuds und Jungs vor teilweise mehr als 100 Jahren nicht in gleicher Weise formuliert werden, wie wir es heute vor dem Hintergrund unseres Wissens über Genetik, Nervensystem, Biochemie und Informationsverarbeitung tun können. Aber sie können uns doch noch sehr als geniale und visionäre Ideen imponieren.

Jung ging zudem nicht nur von einem engen Zusammenhang zwischen Psyche und Gehirn und Körper aus, sondern – in seiner typisch vorsichtig-andeutungsweisen Sprache – gar von einer Identität:

Das eine ist das andere, und der Zweifel befällt uns, ob nicht am Ende diese ganze Trennung von Seele und Körper nichts sei als eine zum Zwecke der Bewußtmachung getroffene Verstandesmaßnahme, eine für die Erkenntnis unerläßliche Unterscheidung eines und desselben Tatbestandes in zwei Ansichten, denen wir unberechtigterweise sogar selbständige Wesenheit zugedacht haben.

Jung, GW 8, § 619

Aber genau hier beginnen auch die strittigen und brisanten Aspekte der aktuellen Hirnforschung. Was lange Zeit vielleicht nur von einigen als weltfremd abgeurteilten Philosophen, Wissenschaftlern und und Psychologen hinterfragt wurde, wird jetzt in zunehmend breiterer Öffentlichkeit heftig diskutiert:

Wie ist das mit dem sogenannten freien Willen? Wie ist das Verhältnis zwischen Bewusstem und Unbewusstem, von Vernunft, Trieben und Emotionen? Wie hängen Körper, Gehirn und Seele eigentlich zusammen? Sind sie eine Einheit oder eine Dreiheit? Macht das

Gehirn die Seele? Oder macht die Seele das Gehirn? Was war zuerst? Oder verhalten sich beide wie Hardware und Software eines Computers? Wie konnte sich dann beides in einer solch intelligenten, aufeinander abgestimmten Weise entwickeln? Gibt es dafür einen latenten Bauplan oder verlief alles zufällig? Aber warum eigentlich hat sich das überhaupt entwickelt?

Und weiter: Ist unser Wirklichkeits- und Ich-Erleben nur eine Illusion? Was ist dann überhaupt noch wirklich? Leben wir in virtuellen Welten? Wie ist das mit dem Weiterleben der Seele nach dem Tod? Verschwinden wir einfach in ein unbekanntes Nichts wie das, in dem wir vor unserer Geburt waren? Oder gibt es etwas Essentielles von uns, das in irgendeiner Form weiterexistiert?

Wie werden wir in der Zukunft mit künstlicher Intelligenz und mit virtuellen Welten zurechtkommen? Werden wir eines Tages Teile unserer Identität auf künstliche Systeme übertragen? Welche Gefahren sind mit diesen Innovationen verbunden?

Wie sind die Grenzen und Möglichkeiten unserer zukünftigen psychischen Entwicklung? Welche Auswirkungen haben die neuen Erkenntnisse auf unsere Einstellung zu Religion und Spiritualität? Gibt es ein Jenseits, Gott oder die Transzendenz? Gibt es so etwas wie Erleuchtung? Oder lügen wir uns bei vielen dieser spirituellen Themen selber etwas „in die Tasche", wie Thomas Metzinger meint und der nachdrücklich eine „spirituelle Redlichkeit" fordert? Oder gibt es doch trotz allem – oder gerade deswegen – ein schöpferisches, sinnerfülltes symbolisches Leben?

Wir würden uns freuen, wenn Sie sich von diesen Fragen angeregt, herausgefordert, auch inspiriert fühlen und wir einige von Ihnen zum Symposium im November begrüßen dürften.

Mit herzlichen Grüßen und Wünschen

Ihre Anette und Lutz Müller

Symbolisches Leben

Wir haben also kein symbolisches Leben, und wir haben alle das symbolische Leben dringend nötig. Nur das symbolische Leben kann den Bedürfnissen der Seele Ausdruck verleihen - den täglichen Bedürfnissen der Seele, wohlgemerkt! Und da die Leute nichts dergleichen besitzen, können sie nie aus dieser Tretmühle herauskommen - aus diesem schrecklichen, zermürbenden, banalen Leben, wo sie «nichts als» sind. [...]

Sie haben das Ganze einfach satt, die Banalität dieses Lebens, und deshalb wollen sie Sensationen. Sie wollen sogar einen Krieg; sie wollen alle einen Krieg. Sie freuen sich alle, wenn es Krieg gibt: sie sagen: «Gott sei Dank, endlich passiert etwas - etwas, das größer ist als wir!»

Diese Dinge gehen sehr tief, und es ist kein Wunder, dass die Leute neurotisch werden. Das Leben ist zu rational, es gibt keine symbolische Existenz, in der ich etwas anderes bin, in der ich eine Rolle spiele, meine Rolle als einer der Schauspieler im göttlichen Drama des Lebens. [...]

Das gibt inneren Frieden, wenn Menschen das Gefühl haben, dass sie das symbolische Leben führen, dass sie Schauspieler im göttlichen Drama sind. Das ist das einzige, was dem menschlichen Leben einen Sinn verleiht; alles andere ist banal, und man kann es beiseite lassen.

C. G. Jung, GW 18/1, § 627

Bauch, Herz, Hirn – Neurobiologie der Gefühle

Bernd Leibig

Wir erleben unsere Gefühle jeden Tag, jede Stunde und jede Sekunde. Die Freude über einen blühenden Apfelbaum, die Begeisterung über die Entwicklung des eigenen Kindes, wenn es laufen oder sprechen lernt, die freudige Überraschung, einem Freund auf der Straße zu begegnen. Und wir erleben Affekte. Der positive Affekt, wenn wir die Liebe auf den ersten Blick spüren, anfangs ein kurzfristiger Affekt kann übergehen in die intensive Sehnsucht, schließlich vielleicht in das Gefühl der Verbundenheit, der Bindung und der Liebe. Wir entwickeln Gefühle von Hoffnung und Zuversicht. Wir haben Lust und euphorische Begeisterung, was wir alles in der Welt bewegen können. Wir erleben Zufriedenheit und Glück. Dies alles sind Spielarten der Basisemotion von Wohlsein und Freude.

Und wir kennen genauso die Gefühle, die sich auf der Basisemotion des Unwohlseins aufbauen, z. B. den Ärger, wenn jemand auf einer Meinung beharrt, die mir überhaupt nicht nachvollziehbar erscheint. Und wir kennen die Wut, die mich packt, weil mir jemand die Vorfahrt nimmt, die Enttäuschung, wenn eine Prüfung nicht so ganz geklappt hat, wie ich es mir wünschte, vielleicht auch die Bitterkeit, wenn ein Kollege trotz weniger Vorbereitung bessere Beurteilungen bekommt, das Gekränktsein, wenn ich mich nicht genügend geachtet und wertgeschätzt fühle, vielleicht auch die Selbstverachtung, weil ich mich selbst nicht mehr leiden kann.

Wir fühlen den Schmerz: körperlichen Schmerz bei äußeren Verletzungen, oder denken Sie an die alltäglichen Schmerzen bei Migräne und Rückenleiden, seelischen Schmerz

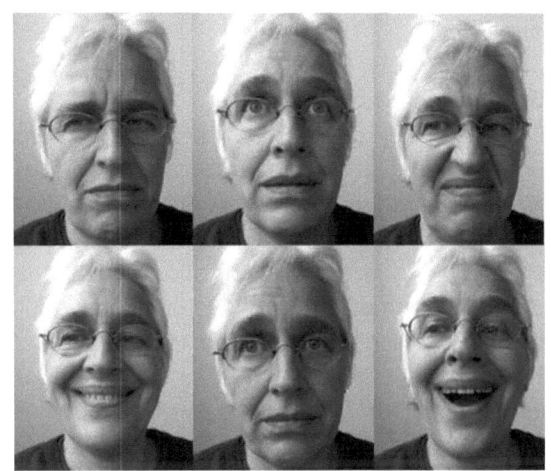

Emotionen. Foto: coffey2104 (www.wikimedia.org)

in der Trauer um geliebte Menschen, aber auch bei der Verletzung grundsätzlicher menschlicher Bedürfnisse nach gesehen werden, geachtet werden und dem Bedürfnis nach Resonanz.

Und es gibt den weiten Bereich der Ängste: angefangen von Befürchtungen (ich könnte zu spät kommen), über Stimmungen (ich habe schlechte Laune), über die Sorge nicht zu genügen, bis hin zu vital körperlich bedrohend erlebten Krankheitsängsten oder zu Verlustängsten, wenn ein naher Bekannter krank ist, oder Selbstverlustängste, die bei schwerwiegender eigener Erkrankung auftreten können.

Gefühle sind oft schön, befriedigend und beglückend. Manchmal sind sie lästig, störend oder verstörend, und manchmal sind sie fast nicht aushaltbar. Aus der Sicht der Evolution sind Emotionen jedoch nichts anderes als ein Weg des Körpers, äußere Reize zu beurteilen und entsprechend darauf zu reagieren: Die über Millionen von Jahren dauernde Evolution hat es so eingerichtet, dass die Emotionen zur Lebenserhaltung dienen. Die Angst vor dem wilden Bären oder der Ekel vor verdorbenem Fleisch warnen uns vor Gefahren für Leib und Leben. Und genauso wichtig ist die evolutionäre Herausbildung von archetypisch positiven Gefühlen wie Zugehörigkeitsgefühle, Bindungsgefühle, Vertrauen, Erleben von Resonanz oder Liebe, um die Beziehungsregulationen zu ermöglichen, die wir als soziale Wesen benötigen.

Emotionen und Gefühle

Der Neurowissenschaftler Antonio Damasio unterscheidet zwischen Emotionen und Gefühlen: Emotionen seien körperliche Reaktionen, die auf einen Reiz folgen und nach außen sichtbar sind. Das Wort Emotio kommt aus dem lateinischen „ex" und „motio" und bedeutet, etwas nach außen in Bewegung bringen. Emotionen sind nach Damasio von der Evolution gestaltete Programme, um Handlungen daraus folgen zu lassen.

Die Welt der Emotionen besteht ... vorwiegend aus Vorgängen, die in unserem Körper ablaufen, von Gesichtsausdruck und Körperhaltung bis zu Veränderungen in inneren Organen und innerem Milieu.

Damasio, 2011, S. 122

Gefühle hingegen entstehen nach Damasio, wenn das Gehirn die Reaktionen des Körpers analysiert und bewusst wahrnimmt. Gefühle entstehen dann, wenn wir unsere immer vorhandenen Emotionen bewusst wahrnehmen. Gefühle im Sinne Damasios haben wir dann, wenn wir unser bewusstes Ich mit den Emotionen des Körpers in Beziehung setzen.

In Mozarts „Zauberflöte" singt Tamino beim Anblick des Bildnisses von Pamina:

Dies Bildnis ist bezaubernd schön,
Wie noch kein Auge je gesehn!
Ich fühl es, wie dies Götterbild
Mein Herz mit neuer Regung füllt.

Dies Etwas kann ich zwar nicht nennen,
Doch fühl ich's hier wie Feuer brennen.
Soll die Empfindung Liebe sein?

Hier hat Mozart Damasios Gefühlstheorie vertont: Der optische Reiz von Pamina löst eine somatische Sensation aus: Das Herz wird mit neuer Regung gefüllt: es klopft, es brennt – das ist eine Emotion. Das Herz sendet dann Signale an Taminos Gehirn, der sich daraufhin entbrannt fühlt; Tamino fühlt es wie Feuer brennen. Dann beginnt er, diese Empfindung zu analysieren und deutet die Empfindung als das Gefühl Liebe. Und es kommen transzendente Gefühlsregungen ins Spiel: Er fühlt es, wie dies Götterbild sein Herz mit neuer Regung füllt. Das sind Leistungen des orbito-frontalen Cortex. Das Gefühl ist in der Hirnrinde angekommen und hat nun wieder Rückwirkungen auf sein Herz.

Hinsichtlich der Dynamik von Emotionen und Gefühlen in unserem Körper erfahren wir aus dieser Zauberflötensequenz, dass es sowohl Bottom-up-Prozesse als auch Top-down-Prozesse gibt.

Bottom-up und Top-down

Bei Bottom-up-Prozessen laufen die Erregungsmuster von tieferen, evolutionär älteren Hirnregionen (etwa dem oberen Stammhirn) über verschiedene Schaltstationen des limbischen Systems in evolutionär jüngere Regionen, die Großhirnrinde.

Im gleichen Maße finden wir Top-down-Mechanismen. Bestimmte Areale in der Sehrinde prüfen, ob es sich lediglich um ein Bild von Pamina handelt oder ob sie wirklich da vor ihm steht. Andere innere Landkarten prüfen den Bekanntheitsgrad dieser Frauenfigur und stellen Vergleiche zu anderen Frauengestalten her (wie noch kein Auge je gesehn). Das Ergebnis ist ein Top-down-Prozess, welcher besagt, dass Tamino noch nie eine solche Schönheit gesehen hat und sie ihm deshalb so begehrenswert erscheint. Die daraus resultierende Sehnsucht spürt er als Verstärkung des Brennens im Herzen und als Öffnung des Herzens.

Und sein prämotorischer Cortex wird aktiviert, der ihn in Bewegung auf Pamina hin bringen möchte.

Wegen der engen Verwobenheit durch Bottom-up- und Top-down-Prozesse spricht Damasio von einer „Verschmelzung von Körper und Geist."

Wenn wir uns diese Verschmelzung klarmachen, können wir eigentlich nicht mehr von Psyche und Soma sprechen, sondern nur von einer Einheit von Körper und Geist. Sie gehören untrennbar zusammen.

Bewusstsein und Unbewusstes

Nur jene Informationen unseres Körpers und der Umwelt, welche neuronale Erregungen der Großhirnrinde, des Cortex, bewirken, führen zu bewusstem Erleben. Bleiben die neuronalen Erregungen unterhalb der Ebene unseres Cortex, kommt es zu keinem Bewusstsein. Das heißt: Unser Bewusstsein ist an unsere Großhirnrinde gebunden. Alle anderen Vorgänge und Informationen, und das ist der allergrößte Teil, bleiben uns unbewusst.

Der Neurowissenschaftler Gerhard Roth beziffert das Verhältnis von bewussten zu unbewussten Prozessen mit einer Größenordnung von $1:10^6$. Das bedeutet: Auf eine bewusste Informationseinheit kommen jeweils eine Million unbewusste Informationen (vgl. Roth, 2003, S. 224). Angesichts von solchen Dimensionen ist es doch ziemlich erstaunlich, dass in unserer bewussten Welt der Großhirnrinde überhaupt noch etwas von der Welt da draußen ankommt und das Gehirn nicht vollkommen in sich selbst verstrickt ist.

Wir müssen uns aber nicht grämen, was uns alles an Erkenntnissen verloren geht, weil so vieles unbewusst bleibt. Zu diesen unbewussten Prozessen gehören auch sämtliche vegetativen Regulationen, wie die Steuerung der Atmung, des Gleichgewichtssinns oder die Regulierung der Verdauung. Es ist relativ uninteressant – und würde die Kapazität des Großhirns auch überfordern – wenn wir nach jedem Essen bewusst wahrnehmen würden, wie etwa die Bauchspeicheldrüse zu schaffen anfängt und die Leber verschiedene Enzyme produziert. Die Leber wächst zwar mit ihren Aufgaben, wie wir seit Eckart von Hirschhausen wissen, aber sie braucht dazu nicht die Großhirnrinde.

Und obwohl bewusste Prozesse erst erkennbar werden, wenn die Hirnrinde beteiligt ist, werden alle darunter liegenden Hirnanteile wie das Zwischenhirn mit seinem limbischen System und auch der noch darunter liegende Hirnstamm gebraucht, um ein kohärentes Welt- und Selbstbild zu erzeugen und um Emotionen und Gefühle hervorzubringen.

Nach Antonio Damasio sind die Kerne des Hirnstamms (also des evolutionär ältesten Teils unseres Gehirns)

...aller Wahrscheinlichkeit nach der Ort, an dem die Entstehung des Geistes in Form der ursprünglichen Gefühle beginnt." Und diese Kerne seien auch – so Damasio weiter – der Ort, an dem „auch das Selbst – der Prozess, der den unbewussten Geist Wirklichkeit werden lässt – seinen Ursprung hat.
Damasio, 2011, S. 260

Damasio greift den Gedanken C. G. Jungs auf, ohne sich dezidiert auf Jung zu beziehen, dass das Selbst mehr ist als das bewusste Ich.

In diesem Zusammenspiel hat der Thalamus, eine Struktur des Zwischenhirns, eine bedeutende Funktion. Der Thalamus ist ein zentrales Vermittlungs- und Weiterleitungsgebilde zwischen Hirnstamm und der Hirnrinde. Sämtliche Informationen, die mit Körperempfindungen zu tun haben, werden im Thalamus verschaltet. Alle – außer einer: Der Geruchssinn umgeht den Thalamus und die neuronalen Erregungen der Nase landen direkt in der Hirnrinde.

Eine weitere unbewusst agierende Instanz ist die Amygdala (Mandelkern). Die Amygdalae (wir haben links und rechts eine) sind Strukturen im Mittelhirn. Die Amygdala ist der Ort des emotionalen Gedächtnisses. Durch die Amygdala erfolgt die emotionale Steuerung unseres Bewusstseins. An der Amygdala kommen wir nicht vorbei. Alle Wahrnehmungsvorgänge werden im limbischen System, dessen Teil die Amygdala ist, auf ihre emotionale Bedeu-

gehirn und seele

tung hin überprüft. Die Amygdala ist einerseits Angstzentrale. Ängste und Traumatisierungen sind in der Amygdala unauslöschlich gespeichert. Sie spielt aber auch eine wichtige Rolle in der Gesichtserkennung und der Beurteilung, ob eine Begegnung potenziell gefährlich sein könnte.

Die Großhirnrinde schließlich ist die evolutionär jüngste Struktur. Sie verleiht uns eine Identität und versetzt uns, so Damasio, „ins Zentrum jenes wundersamen fortlaufenden Schauspiels, das unser bewusster Geist ist" (Damasio, 2011, S. 262).

Die Größe und Komplexität der Großhirnrinde ermöglicht erst die spezifischen Geisteseigenschaften der menschlichen Primaten, wie z. B. den detaillierten Bilderreichtum, die Gedächtnisleistung, die Vorstellungskraft, die Vernunft und Sprache und die Intentionalität, also das Wünschen und Wollen.

Die Prozesse der Wahrnehmung, des Denkens, des Fühlens, des Empfindens, des Handelns sind immer auch tief im Körperlichen sich abspielende Prozesse. So gibt es kein reines Denken, sondern jegliches Denken ist immer körperliches Denken. Und das Denken ist immer von Gefühlen begleitet, weil sämtliche bewusst gewordenen Gedanken durch das limbische System hindurch müssen. Und, wie bereits erwähnt, bewusst wird ein Gedanke erst dann, wenn neuronale Erregungen die Großhirnrinde erreichen. Wir werden also hingewiesen auf die engen und notwendigen Verflechtungen und die Integration zwischen allen Hirnstrukturen als Voraussetzung für die Entstehung des Selbstes und damit für die Entstehung von Gefühlen. Denn unser Selbst ist auch ein gefühltes Selbst.

Gefühle im Kopf

Wenn Sie durch den Wald streifen und plötzlich einem Bären gegenüber stehen, bekommen Sie eigentlich zweimal Angst - nämlich über zwei unterschiedliche Mechanismen. Der erste Mechanismus analysiert die Situation ungenau, aber blitzschnell: Über den Thalamus gelangt die Information von den Sinnessystemen direkt zur Amygdala. Dieser Teil des limbischen Systems beurteilt in wenigen Millisekunden, ob der Reiz schädlich oder nützlich für uns ist. Das geschieht vollkommen unbewusst, das heißt ohne jegliche Beteiligung der Großhirnrinde.

Bei der Begegnung mit dem Bären kommt der Mandelkernkomplex zu dem Schluss, dass es sich dabei um eine potenzielle Gefahr handelt. Also kurbelt er über den Hypothalamus und den Hirnstamm die passende körperliche Angstreaktion an: Das Herz beginnt schneller zu schlagen, der Blutdruck steigt, der Schweiß bricht aus. Und der Sinn des Ganzen ist, sich auf einen Kampf vorzubereiten oder die Flucht einzuleiten. All das passiert, noch bevor uns überhaupt bewusst geworden ist, dass wir Angst haben.

Der zweite Weg verläuft vom Thalamus zur Hirnrinde und ist deutlich langsamer. Dafür verarbeitet dieses System die Situation detailgenauer. Beteiligt sind etwa die Sehrinde, welche die Haltung und Mimik des Bären erkennt und welche die Bewegungsrichtung des Bären einschätzt. Ein sich entfernender Bär ist für den Augenblick nicht so gefährlich, wie ein näher kommender Bär.

Beteiligt ist auch der Hippocampus, aus dem Gedächtnisinhalte abgerufen werden – das Gehirn vergleicht die gegenwärtige Situation also mit früheren Erlebnissen. Denken Sie an Tamino, der seine Pamina auch mit anderen Frauengestalten vergleicht.

Der Hippocampus ist auch für die örtliche Orientierung zuständig. So erkennt der Hippocampus möglicherweise, dass der Wald, in dem wir uns befinden, nur aus ein paar Bäumchen im Zoo besteht und der Bär sich abgesichert in seinem Gehege befindet. Diese Informationen werden an den präfrontalen Cortex (PFC) weitergeleitet. Im PFC erfolgt eine kontextuelle Verarbeitung der Informationen, also eine Gesamtschau der Dinge und der PFC zieht daraus seine Schlüsse für die beste Handlung.

Und der präfrontale Cortex ist auch die Hirnregion, in der emotionale Reize aus dem limbischen System in bewusste Gefühle umgewandelt werden. Im Fall des Bären im Zoo führt dieser zweite Weg der Informationsverarbeitung zu Beruhigung und natürlich zu ganz anderen Gefühlen als Angst. Etwa Freude und Erstaunen über die Größe des Bären oder aber auch Mitgefühl für den armen Bären in seiner Gefangenschaft.

Für analytische Psychotherapeuten, die sich viel mit der Wirksamkeit des Unbewussten beschäftigen, ist es von besonderer Bedeutung, sich klarzumachen, wie unbewusste Emotionen – im Sinne Damasios – bewusste Gefühle beeinflussen. Menschen reagieren deutlich auf Körperhaltungen, ob sie zugewandt oder abgewandt sind. Sie reagieren auf freundliches und unterstützendes Lächeln oder auf ein verschlossen wirkendes Gesicht. Dies basiert auf einer archetypischen, unbewussten Matrix, die bewirkt, dass wir mit anderen Menschen in Resonanz kommen möchten.

Therapeuten sollten sich also immer über die Wirkungen klar sein, die sie unbewusst ausstrahlen und die vom Patienten unbewusst aufgenommen werden. Hier kommen die Spiegelneuronen ins Spiel.

Spiegelneuronen

Zu den neurobiologischen Grundlagen unserer Emotionen und Gefühle gehören selbstverständlich auch die Spiegelneuronen.

Vor knapp 20 Jahren wurden bei Makakenaffen Neuronengruppen entdeckt, die nicht nur dann feuern, wenn eine Handlung geplant ist (das Greifen nach einer Nuss). Diese Neuronengruppen feuerten auch dann, wenn das Greifen nach der Nuss von anderen Affen ausgeführt werden (Vittorio Gallese und Giacomo Rizzolatti an der Uni Parma). Man bezeichnete dies als Spiegelungsfähigkeit und erkannte, dass die Spiegelneuronen ein sinnhaftes Erfassen von Gesamtzusammenhängen ermöglichen und nicht nur schlichtes Abbild des Beobachteten sind. Durch die Spiegelung erfolgt ein vollkommen unbewusstes Verständnis für die Handlungen des Anderen.

Ab 2003 wurden auch beim Menschen in den vergleichbaren Hirnregionen Spiegelneuronen gefunden. Man spricht auch von verkörperter Simulation. Wenn ein Beobachter jemanden bei bestimmten Handlungen zuschaut, etwa beim Nüsse essen oder beim Gähnen, so werden im Gehirn des Beobachters die gleichen neuronalen Areale tätig, die auch im Gehirn des Handelnden selbst aktiviert sind. Es wird im Beobachter eine interne neuronale Kopie hergestellt.

Das Spiegelneuronensystem beschränkt sich aber nicht nur auf das motorische System. Spiegelneuronengruppen wurden auch in sensorischen Rindenfeldern gefunden. Diese Spiegelneuronen erlauben ein Hineinversetzen, wie sich Empfindungen beim Anderen wohl anfühlen. Mein Spiegelneuronensystem ermöglicht es mir mitzuempfinden, wie es sich anfühlt, wenn jemand mit dem Rücken die Stuhllehne berührt, oder wie es sich anfühlt, wenn die Füße meines Gegenübers auf dem Boden stehen. Das ist mit der internen neuronalen Kopie gemeint, die im Beobachter hergestellt wird. Dabei handelt es sich um unbewusste, automatisch ablaufende und präreflexive Prozesse.

Es wurden auch in den Schmerzzentren Spiegelneuronen identifiziert. Beim Beobachten eines Nadelstiches, der jemand Anderem zugefügt wird, werden im Beobachter die gleichen Neuronengruppen aktiviert, die auch anspringen, wenn man selbst den Schmerz erleidet. Der Gyrus cinguli, in dem sich diese Spiegelneuronen finden, ist nicht nur Teil des Schmerzsystems, sondern auch Teil des Emotionszentrums des Gehirns. Das bedeutet, dass wir über eine unmittelbare intuitive Einfühlungsmöglichkeit in das Gefühlserleben des Anderen verfügen.

Wenn wir uns diese Tatsachen vergegenwärtigen, können wir uns leicht ausmalen, welche negativen Einflüsse das überbordende Anschauen von Gewaltszenen auf die Identitätsentwicklung von Kindern und Jugendlichen hat. Denn über das Spiegelneuronen-Resonanzsystem kommt es zur inneren unbewussten Teilnahme an Gewalt und Aggression und zu entsprechender Gewaltbereitschaft. Manfred Spitzer, der Ulmer Psychiater, weist unter dem Schlagwort der „digitalen Demenz" auf die schädlichen Folgen des Konsums von Gewalt und sadistischen Videos hin.

gehirn und seele

Hier finden wir auch die Schattenseite des Spiegelneuronensystems. So sehr das archetypische menschliche Resonanzbedürfnis sich durch die Spiegelungen erfüllen kann und soziale Beziehungsfähigkeit ermöglicht, so sehr können auch negative Aufschaukelungen durch die Spiegelresonanz erfolgen. Denken wir an Massenpaniken oder an totalitäre Systeme, die das Grundbedürfnis nach Übereinstimmung und Zugehörigkeit von Menschen benutzen, um sie zu grausamsten Taten anzustiften. Die Basis dieses Grundbedürfnisses nach Übereinstimmung ist auf körperlicher Ebene das Spiegelneuronen-Resonanzsystem.

Was könnte das für unser Ich und Selbst bedeuten? Das Spiegelneuronensystem stellt eine intensive unbewusste Verbindung zwischen den Selbsten der Menschen her und damit auch zwischen den Emotionen und Gefühlen.

Wie vorhin schon erwähnt, sind die Prozesse der Wahrnehmung, des Denkens, des Fühlens, des Empfindens, des Handelns immer auch tief im Körperlichen sich abspielende Prozesse. So gibt es kein reines Denken, sondern jegliches Denken ist immer körperliches Denken. Wir sind durch das Spiegelneuronensystem von Natur aus auf engste und intensivste Weise mit den anderen Menschen verbunden.

Unser Ich ist immer auch vom Ich des Anderen beeinflusst. Obwohl wir uns mit unserem Ich so gerne einzigartig und selbstbestimmt fühlen, insbesondere in der westlichen Welt, ist dies eine Illusion, wenn wir die Tatsachen des Spiegelneuronensystems ernst nehmen.

Der französische Dichter Rimbaud schrieb 1871 „Ich ist ein Anderer". Hier klingt es dichterisch an, was wir heute neurobiologisch bestätigen können.

Vittorio Gallese (2003, 2011), einer der Erforscher des Spiegelneuronensystems, spricht im Zusammenhang mit dem psychotherapeutischen Prozess davon, dass die verkörperte Simulation, sich in einem „Wir-zentrischen Raum" abspielt (vgl. S. 335 f.).

Für Vertreter der Analytischen Psychotherapie nach Jung geht es auch um Anreicherung der inneren Prozesse, wie wir sie in der gemeinsamen, „wir-zentrischen" Amplifikation haben. Wenn der Therapeut dem Patienten seine Bilder und Gedanken in der Amplifikation zur Verfügung stellt, so ist das gemeinsame Spiegelneuronensystem mit angeregt und kann den therapeutischen Prozess im Sinne einer Antwort oder Resonanz sehr voranbringen.

Joachim Bauer (2005) sieht es so, dass durch das Spiegelneuronensystem ein „gemeinsamer zwischenmenschlicher Bedeutungsraum erzeugt wird" (vgl. S. 166).

Das Spiegelneuronensystem bewirkt, dass Gefühle, Stimmungen und Haltungen ansteckend sind. Das gilt natürlich in allen Richtungen: Wir können von der depressiven Stimmung eines Patienten infiziert werden, wie C. G. Jung dies ja auch schon ausdrückte. Und anders herum können wir durch ein freundliches oder aufmunterndes Lächeln das Spiegelneuronensystem des Patienten ein wenig in Richtung Erleichterung und Freundlichkeit und Selbstakzeptanz anregen.

Das Spiegelneuronensystem basiert auf einem Resonanzphänomen. Vorgänge in mir erzeugen Resonanzen im Anderen und umgekehrt. Bereits C. G. Jung hat mit dem sogenannten Beziehungs-Quaternio-Modell auf die wechselseitigen Verbindungen zwischen persönlichem und kollektivem Bewussten und Unbewussten hingewiesen. Wenn wir uns die fundamentale körperliche Verankerung klarmachen, die „verkörperte Simulation", wie Vittorio Gallese sie bezeichnet, werden wir in der Therapie vielleicht noch achtsamer für Übertragungs- und Gegenübertragungsphänomene sein, denn es handelt sich hier um die Wirksamkeit des Archetyps der Resonanz.

Neuronale Korrelate der Liebe

Wo sitzt die Liebe? „Im Herzen", sagen die einen. Das Herz läuft uns über vor lauter Liebesgefühlen zu einem Partner. „Im Bauch", sagen die anderen: Wir haben Schmetterlingsgefühle im Bauch. „Im Knie", sagen noch andere: Wer kennt nicht die weichen Knie beim Denken an den geliebten Menschen. „Im Hirn", sagen die Neurobiologen.

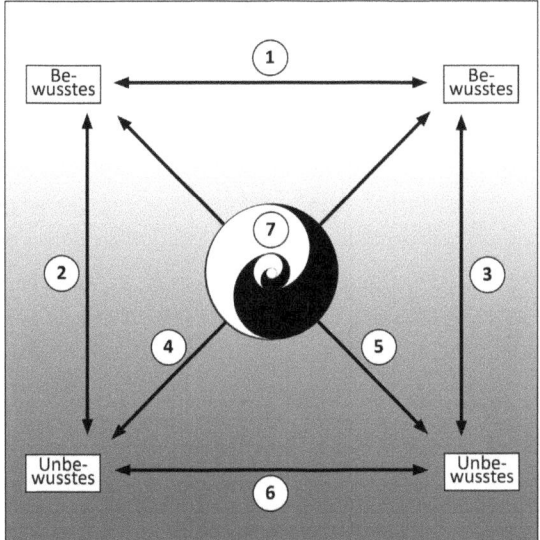

Das Beziehungs-Quaternio-Modell (Abb. ©www.opus-magnum.de) zeigt die vielfältigen hochkomplexen Beziehungs-Interaktionen, die zwischen zwei oder auch mehreren Menschen z. B. in einer Gruppe bestehen können.

Ein Mensch kommuniziert mit einem anderen Menschen nicht nur auf der bewussten Ebene (Linie 1), sondern wird ständig von eigenen unbewussten Faktoren – z. B. die physische und psychische Befindlichkeit, Persönlichkeitsstruktur, Bedürfnisse, Ängste, Komplexe – (Linien 2 und 3), wie von unbewusst-bewussten Faktoren des Dialogpartners (4 und 5) beeinflusst.

Schließlich lösen auch unbewusste Inhalte des einen Partners unbewusste Wirkung beim anderen Partner aus. (6). Die Interaktionen werden durch eine weitgehend unbewusste Selbstorganisation (7) gesteuert.

Und alle haben sie recht. Durch die vielen Vernetzungen über verschiedenste Nervenleitungsbahnen vom Gehirn in den Körper und zurück fühlen wir die Liebesgefühle und deren Auswirkungen in den unterschiedlichen Regionen des Körpers.

Darüber hinaus gibt es tatsächlich Hinweise, dass es auch im Herzen Rezeptoren für das recht bekannt gewordene Bindungshormon Oxytocin gibt, das inzwischen ja gerne als Kuschelhormon bezeichnet wird (vgl. Esch, 2014).

Im Gehirn sind mehrere kortikale und subkortikale Strukturen aktiviert, wenn wir Liebesgefühle entwickeln.

Gemeinsam ist diesen Regionen, dass sie alle hohe Konzentrationen von Dopamin haben, einem Neuromodulator, der zum Belohnungssystem – genauer dem Belohnungser-

wartungssystem – gehört. Durch Dopamin entstehen Zufriedenheitsgefühle, euphorische Zustände, Begierde und Sucht. Es wird vor allem im Hypothalamus gebildet, ebenso wie das erwähnte Bindungshormon Oxytocin und sein chemischer Verwandter, das Vasopressin.

Diese beiden Neuropeptide fördern das Vertrauen in andere Menschen und man vermutet, dass sie auch beim Liebesgefühl eine Rolle spielen. Zumindest werden sie bei beiden Geschlechtern beim Orgasmus vermehrt ausgeschüttet und bei Frauen spielen sie zusätzlich eine Rolle bei der Entbindung und beim Stillen. In Phasen romantischer Liebe wie auch mütterlicher Liebe steigt ihre Konzentration.

Eine Untersuchung an der Uni Bonn wird viele Frauen freuen, die sich über zu geringe Emotionalität der Männer beklagen. Männer, die ein oxytocinhaltiges Nasenspray inhalierten, zeigten im Vergleich zu einer Kontrollgruppe, die Placebo erhielten, eine höhere Empathiefähigkeit. Die Ergebnisse sind zwar signifikant, wir sollten aber keine wundersamen prosozialen Effekte von Oxytocinnasensprays erwarten. Der in Freiburg über Oxytocin forschende Markus Heinrich schätzt die verbindungsfördernde Wirkung von einem Glas Wein höher ein als von Oxytocin.

Oxytocin hat übrigens auch Schattenseiten. Israelische Forscher stellten unter Ocytocinverabreichung eine Zunahme von Neid und Schadenfreude fest. Das hat vermutlich damit zu tun, dass die Mitglieder der eigenen Gruppe vertrauensvoller betrachtet werden. Ein durchaus möglicher negativer Effekt könnte auch sein, dass es zur Verstärkung von Fremdenfeindlichkeit kommen kann.

Mit der Erhöhung des Dopamins bei der romantischen Liebe geht einher eine Verminderung des Serotonins, das unter anderem den Appetit regelt, das aber auch bei Zwangserkrankungen vermindert ist. In Hochphasen der romantischen Liebe vermindert sich der Serotoninhaushalt auf das Niveau von Zwangserkrankungen. Die heiße Liebe ist eben eine Obsession. Wie der Volksmund weiß, können Verliebte allein von der Luft leben.

„Es hat gefunkt"! (Love at first sight. ©Romanova Natali, shutterstock.com)

Verrückt vor Liebe

Durch die Herunterregulierung der serotonin-abhängigen Regionen des präfrontalen Cortex, der für die Beurteilungsfähigkeit zuständig ist, kommt es zu den bekannten Zuständen von partiellen Verrücktheiten der Verliebten. Verliebtheit und Liebe sind oft irrational. Dies hat vermutlich seinen inneren Sinn darin, dass wir in der Liebe ein Einheits- und ein Ganzheitserlebnis suchen. Da dies voll umfänglich auf dieser Welt nicht zu finden ist, muss das präfrontale Urteilsvermögen etwas herunter reguliert werden, damit wir nicht mehr so genau hinschauen.

Liebe macht blind für das, was die meisten anderen sehen. Und das ist auch gut so: Auf diese Weise fühlen wir das Einheits- und Ganzheitserleben, das in der alltäglichen Realität so schwer zu erreichen ist.

Dazu gehört auch, dass unsere Angstzentrale, die Amygdala, der Mandelkern, in seiner Aktivität vermindert wird. In Verliebtheitszuständen können wir im MRT tatsächlich Aktivitätsverminderungen in bestimmten Kernen der Amygdala feststellen.

Bestimmte Teile der Amygdala sind auf die Gesichtserkennung spezialisiert. Diese sind insbesondere bei der mütterlichen Liebe aktiviert. Für das Wohlergehen des Kindes ist es besonders wichtig, dass die Mutter intuitiv den Gesichtsausdruck des Kindes deuten kann. Die Aktivität des Hypothalamus, der mit sexueller Erregung im Zusammenhang steht, ist bei mütterlicher Liebe vermindert. Gemeinsam sind bei sexuell-romantischer Liebe und bei der mütterlichen Liebe die Aktivierung des Belohnungssystems und des Bindungssystems. Was uns zweifellos aber archetypisch inhärent ist, ist das Bedürfnis nach Bindung und Liebe.

Das Bindungsbedürfnis ist eine der zentralsten und lebenswichtigsten Konstanten unserer menschlichen Natur. Vielen Lesern werden die Versuche an Babyaffen geläufig sein, die ihre Milchflasche von einem nackten Drahtgestell zur Verfügung gestellt bekamen. Mangels emotionaler Wärme, und weil sie zum Drahtgestell keine emotionale Bindung herstellen konnten, starben diese armen Tiere. Aus epigenetischen Untersuchungen wissen wir heute, dass durch zugewandtes, warmes, adäquates mütterliches Verhalten ein bestimmter Abschnitt unserer Gene erst frei geschaltet wird, so dass Stresshormone besser abgepuffert werden. Kinder und die späteren Erwachsenen, die einfühlsam aufwuchsen, sind gegen Stresshormone (Kortisol) besser geschützt. Liebe und Zuwendung erhöhen also durch epigenetische Mechanismen die Resilienz, die Widerstandsfähigkeit gegenüber Stressfaktoren.

Die archetypische Konstante der Liebe durchzieht die Menschheits- und Kulturgeschichte und sie findet sich in dem, was wir neurobiologisch feststellen können wieder. Semir Zeki, ein Neurowissenschaftler aus England, spricht von einem angeborenen „Liebeskonzept des Gehirns" (Zeki, S. 141). Die konkreten Ausformungen dieses Liebeskonzeptes verändern sich im Laufe der Zeit. Die Vorstellungen von Liebe und Partnerschaft waren bei den alten Römern wohl andere als im Elisabethanischen England und natürlich auch andere als wir sie heute haben.

Als Grundkonstante des Liebeskonzepts sieht Semir Zeki allerdings den Wunsch und die Sehnsucht nach Einheit. Das Streben nach Vereinigung, wie es sich ja auch im sexuellen Wunsch zeigt, scheint in der Tat eine Grundkonstante menschlichen Erlebens zu sein. Zeki schreibt:

Die „Liebeseinheit" ist ein Hirnkonzept, das die Freuden des Himmels heraufbeschwört."
                                        Zeki, 2010, S. 142

In der Analytischen Psychologie spielt das Konzept der Ganzheit und der Einheit eine wichtige Rolle. Im Individuationsprozess versuchen wir, eine verloren gefühlte Ganzheit wiederzufinden, wie es sich ja auch in Platons Gastmahl widerspiegelt: Ursprünglich gab es drei Arten von Menschen: männliche, weibliche und eine androgyne Art, die sich aus beiden Geschlechtern zusammensetzte. Da deren ungeheure Macht den Göttern bedrohlich wurde, beschloss Zeus, sie zweiteilen zu lassen. Und seither suchen die Individuen sehnsüchtig ihre fehlende Hälfte.

Bei Platon heißt es :

... und sie schlangen die Arme umeinander und hielten sich umfasst, voller Begierde, wieder zusammenzuwachsen."
                             Platon, zit. in Zeki, 2010, S. 143

Ähnlich drückt der persische Dichter Rumi die Liebeseinheit aus:

Liebende finden sich nicht; sie sind immer schon ineinander.
                                  Rumi, in Zeki, 2010, S. 145

Das Streben nach Ganzheit scheint eine hirnphysiologisch in unserer Natur vorhandene Konstante zu sein. Es ist angesichts der in der Literatur immer wiederkehrenden Sehnsucht nach Einheit und Ganzheit auch gar nicht anders vorstellbar, als dass dieses Ganzheitsstreben eine archetypisch verankerte anthropologische Grundkonstante ist.

Homo neurobiologicus?

Geht unser Ich und unser gefühltes Selbst in der Neurobiologie auf? Es scheint naheliegend zu sein, dass wir uns darauf reduzieren zu sagen: Wenn das Ich sich nicht im Gehirn lokalisieren lässt und auch ein übergeordnetes Selbst als Ausdruck unseres Geistes und der Seele sich nicht finden lässt, dann müssen wir uns darauf beschränken, unser Wahrnehmen, Fühlen, Imaginieren, Denken und Wollen als Ausdruck neuronaler Prozesse und Feuerungen der Synapsen zu verstehen. Und das sind sie ja tatsächlich auch.

Und trotzdem meine ich, das wäre zu kurz gegriffen. Wir können auch heute nach den Fortschritten der Hirnforschung, die uns ja unglaubliche Einblicke in Funktionszusammenhänge der Gehirnstrukturen gebracht haben, den Geist und die Emotionen und Gefühle unseres Selbstes nicht wirklich erklären. Der Geist steckt nicht im Dopamin, Serotonin, Adrenalin oder Oxytocin. Diese sind Neurotransmitter, also chemisch definierte Botenstoffe. Und sie sind Überbringer von Bedeutungen. Die Bedeutungen können entstehen, weil etwa das Dopamin auf spezifische Rezeptoren im Belohnungserwartungszentrums trifft. Und dort taucht dann die Bedeutung auf: Wenn ich jetzt das Stück Schokolade esse, werde ich mich ein klein wenig wohler fühlen, weil es mir schmeckt.

Nochmals anders ausgedrückt: Am Dopamin-Molekül ist nichts glücksbringend, am Serotonin-Molekül ist nichts beruhigend, am Adrenalin-Molekül ist nichts aufregend. Erst im Zusammenspiel mit den Hirnstrukturen und den spezifischen Antworteigenschaften entstehen die Gefühle und ein Körper-Selbst. Das heißt im Schokoladenbeispiel: Erst im Zusammenspiel aller Hirnstrukturen, in der Resonanz der Hirnkerne und Synapsen aufeinander, schließt ein bestimmter Schlüssel das Schloss mit der Bedeutung Glück und Wohlbefinden auf.

Wir haben den Mechanismus der Bedeutungsentstehung ein Stück weit verstanden. Und wir wissen auch, dass Gefühle, Vorstellungen, Imaginationen aber auch ethische und moralische Werte auf der Basis der Biochemie und der Naturwissenschaften insgesamt entstehen. Auch im Gehirn gelten, wie gesagt, die Grundlagen der Physik und Biochemie – diese werden nicht transzendiert.

Aber unser Geist und das Bewusstsein und die Fülle der Bedeutungen der Welt, angefangen vom Erkennen von Gegenständen wie einer Lampe bis hin zu ethisch-moralischen Wertesystemen, sind auch damit in keiner Weise erklärt.

So könnte man dem Satz des Emotionsforschers Joseph LeDoux beipflichten, der sagt:

Wer sind Sie? Sie sind Ihre Synapsen. Aus ihnen besteht Ihr Selbst.

LeDoux, 2003, S. 424

Aber wir müssen hinzufügen: Sie sind viel mehr als Ihre Synapsen. Die Bedeutung der Emotionen und Gefühle findet sich nicht im synaptischen Spalt, der wäre dann doch zu klein dazu.

Wir können die Entstehung des Bewusstseins und der Gefühle als hochkomplexes System neurobiologisch in ersten Ansätzen nachvollziehen. Wie der Geist, unser Ich- und unser Selbst-Erleben sich daraus entwickelt, bleibt uns jedoch weiterhin ein Rätsel.

Literatur
Bauer, J. (2005): Warum ich fühle, was Du fühlst. Hamburg: Hoffmann und Campe
Damasio, A. (2011): Selbst ist der Mensch. Körper, Geist und die Entstehung des menschlichen Bewusstseins. München: Siedler Verlag
Esch, T. (2014): Die Neurobiologie des Glücks. Stuttgart: Thieme
Gallese, V., & Wulf, B. & Buccino, G. (2003, 2011): Spiegelneurone, verkörperte Simulation, Intersubjektivität und Sprache, in Schiepek, G. (Hrsg.):* Neurobiologie der Psychotherapie. Stuttgart: Schattauer
Gazzaniga, M. (2012): Die Ich-Illusion. Wie Bewusstsein und freier Wille entstehen. München: Carl Hanser
Hüther, G. (2004): Die Macht der inneren Bilder. Göttingen: Vandenhoeck und Ruprecht
LeDoux, J. (2003): Das Netz der Persönlichkeit. Wie unser Selbst entsteht. Düsseldorf, Zürich: Walter
Metzinger, T. (2009): Der Ego Tunnel. Berlin: BV Berlin
Roth, G. (2003): Fühlen, Denken, Handeln. Frankfurt: Suhrkamp
Spitzer, M. (2012): Digitale Demenz. Wie wir uns und unsere Kinder um den Verstand bringen. München: Droemer-Knaur
Zeki, S. (2010): Glanz und Elend des Gehirns. München: Ernst Reinhardt Verlag

Bernd Leibig
Facharzt für psychotherapeutische Medizin, Dozent, Lehr- und Kontrollanalytiker am C. G. Jung-Institut Stuttgart, Paartherapeut, Traumatherapeut, niedergelassen in eigener Praxis in Ammerbuch-Entringen.

Das Ich - ein Sandkorn im Universum?

Ursula Kiraly-Müller

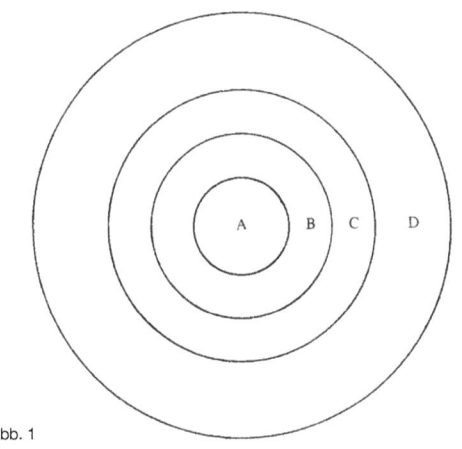

Abb. 1

A - Bewusstseinsfeld mit Ich-Zentrum   C - Gruppen-Unbewusstes
B - Persönliches Unbewusstes   D - Kollektives Unbewusstes

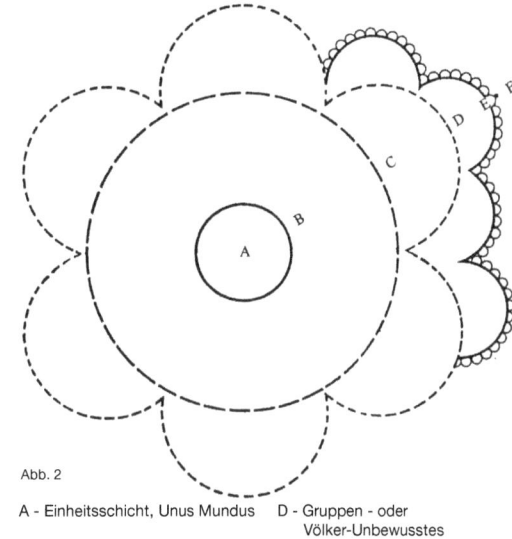

Abb. 2

A - Einheitsschicht, Unus Mundus   D - Gruppen - oder
                                          Völker-Unbewusstes
B - Kollektives Unbewusstes der   E - Unbewusstes im Individuum
    Menschheit
C - Regionales Unbewusstes   F - Individuelles Ich

An den Anfang meiner Ausführungen stelle ich zwei Abbildungen aus dem Buch *Spiegelungen der Seele* von Marie-Louise von Franz (1978), die mich in ihrer Tiefgründigkeit immer fasziniert haben. Links im Abbildung 1 ist das Ich im Zentrum (A) eingebettet in die gesamte unbewusste Psyche; im Gegensatz dazu befindet sich rechts in Abb. 2 das Ich als kleinster Punkt F an der äußersten Peripherie eines gewaltigen, unbewussten Bereiches, dessen Zentrum A nun der „unus mundus" ist. Das Ich ist also einerseits als ein Zentrum dargestellt, und anderseits als ein winziges Anhängsel eines viel größeren Ganzen, und so stellt sich natürlich die Frage, wie diese beiden Zustände, die eigentlich ein Paradox beschreiben, in Übereinstimmung gebracht werden können.

Vorab können wir feststellen, dass Abb. 1 das subjektive Ich-Empfinden darstellt, das sich selbst als „ein im Ichpunkt zentriertes Lichtfeld" (Jung, Jaffé, 1962, S. 327) wahrnimmt. Darstellung 2 zeigt eine eher objektive Sicht auf die Stellung eines individuellen Ichs im Gesamtzusammenhang der Psyche.

Interessant ist nun, dass in den letzten zwanzig Jahren auch die Hirnforschung zu derselben Erkenntnis gekommen ist: Das Ich-Bewusstsein hält sich zwar für das Zentrum seiner Welt, aber in Wirklichkeit ist es ein winziger Ableger seines Gehirns, sogar eine Marionette seines Gehirns, so dass man Abb. 2 von Marie-Louise von Franz fast als grafische Eins-zu-eins-Umsetzung der Positionen der heutigen Hirnforschung sehen kann.

* Gekürzte Fassung eines Vortrages im Psychologischen Club Zürich anlässlich des Treffens der C G. Jung-Gesellschaften Oktober 2016

Der ganz große Unterschied ist natürlich im jeweiligen Zentrum zu sehen. Bei Marie-Louise von Franz ist A der *unus mundus*, das heißt eine gänzlich transzendente Größe, während in der Hirnforschung im Zentrum der Körper und das Hirn steht, von dem man annimmt, dass man es wissenschaftlich erforschen und einst sogar als Super-Computer nachbauen könnte.

Mit letzterem Aspekt der Hirnforschung will ich mich jedoch nicht beschäftigen, sondern mit diesem Ich, das sich in seiner Paradoxie als etwas objektiv Allerkleinstes und total Abhängiges erweist, aber auf der anderen Seite subjektiv als etwas absolut Bestimmendes und Zentrales im eigenen, realen Leben erfahren wird.

Abb. 1 mit dem Ich in der Mitte stellt dasjenige Bewusstseinsmodell dar, das wir subjektiv und real für richtig halten. So, wie man es Jahrtausende lang für selbstverständlich hielt, dass sich die Sonne um die Erde drehe, so entspricht es unserem Selbstverständnis, unser Ich als Zentrum unserer eigenen Welt zu sehen. Zwar wurde in den Religionen immer akzeptiert, dass Gott die letzte Instanz ist, aber im weltlichen Bereich galt das Ich als das Zentrum des eigenen Lebens – ganz besonders seit der Aufklärung und dem Bedeutungsverlust der Kirchen.

Das Ich – das historisch gesehen weitgehend identisch war mit dem Ich des Mannes – war aber nicht nur das Zentrum der Persönlichkeit und Herr seiner eigenen Welt, sondern es musste im Gegenzug auch die Verantwortung für sich und diese Welt übernehmen. Man darf diese Entwicklung zur Verantwortung nicht unterschätzen. Sie war auch eine gewaltige Bürde. Eine Bürde, die auch heute noch wie selbstverständlich auf uns allen lastet.

Dieses Ich, das die Bürde der Welt schultert, ist deshalb auch ein „Helden-Ich", das ich zur Verdeutlichung so darstellen möchte (siehe Abb. 3):

Es ist das Ideal eines tapferen, starken, gesunden und stabilen Ichs, das sich den Dunkelmächten in seiner Existenz entgegenstellt und sich behauptet. Und niemand würde sa-

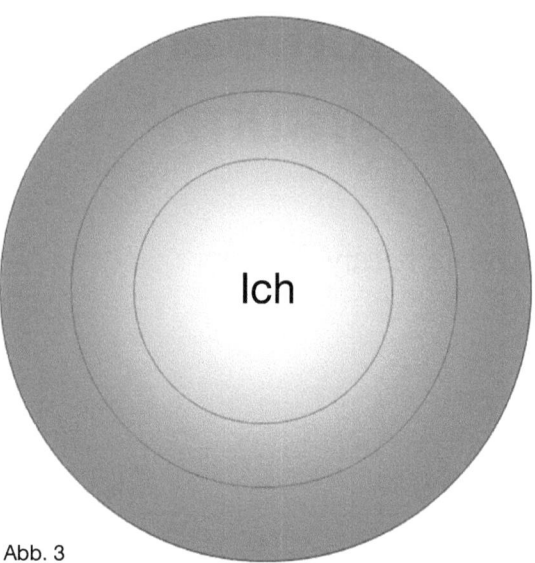

Abb. 3

gen, dass dies nicht notwendig wäre. Gerade Jung hat immer höchsten Wert auf ein starkes Ich gelegt, denn als Psychiater wusste er nur zu gut, was für eine Katastrophe entstehen kann, wenn ein Ich dem Dunkel aus seinem Inneren und seiner Umgebung nicht standhält.

Und wir wissen aus unserer eigenen Praxis, dass zu Beginn einer Analyse oft zuerst das Ich der Analysanden gestärkt werden muss, bevor mit der Arbeit überhaupt richtig begonnen werden kann. Die Analysanden dürfen vom Unbewussten und dem Archetypischen nicht überschwemmt werden, sondern müssen in ihrem eigenen Leben gut verankert bleiben. Und oft muss hier dieses Ich auch tatsächlich Heldenqualitäten entwickeln. So ist es nur natürlich, dass dieses „Helden-Ich" ein kollektives Leitbild ist, das von Gilgamesch über alle Märchenhelden und -heldinnen bis zu unseren Astronauten reicht und im Leben jedes Einzelnen eine zentrale Rolle spielt. Es geht nicht ohne ein starkes Ich-Bewusstsein.

Doch genau dies hat die modernen Neurowissenschaftler und Kognitionsforscher in einen großen Zwiespalt geführt. Seit ca. zwanzig Jahren, seit es die bildgebenden Verfahren in der Hirnforschung gibt und man dem Hirn zuschauen kann, wie es arbeitet, ist nämlich klar geworden, dass das Ich grundsätzlich von den Leistungen des Hirns abhängig ist. Das Ich kann nur wahrnehmen, was von seinem Hirn erkannt und verarbeitet wurde. Es ist das Hirn, das entscheidet, ob etwas wichtig ist für ein Individuum oder nicht, und sogar, ob es das Ich-Bewusstsein überhaupt einbeziehen will oder nicht. Und damit ist die Rolle des Ichs plötzlich – und diesmal wissenschaftlich erwiesen - sekundär geworden.

Ich möchte hier etwas ausholen, um das Ausmaß dieser Abhängigkeit darzulegen, damit mein späteres Thema besser nachvollziehbar wird. Ich werde mich dabei im Wesentlichen an den Neurowissenschaftler Mark Solms und sein Buch *The Brain and the Inner World* (2002) halten, weil seine Erklärungen der Hirnleistungen auch den Körper und die Instinkte einbeziehen, was andere Neurowissenschaftler erstaunlicherweise oft nicht tun. Ich will hier auch vorausschicken, dass wir im Folgenden unterscheiden müssen zwischen dem Bewusstsein, das als Aufmerksamkeit und Wachheit beschrieben wird, und dem Bewusstsein, das mit Nachdenken und der Bewusstheit darüber, dass wir bewusst sind, zu tun hat. Aufmerksamkeit ist nicht gleich Ich-Bewusstsein. Aber Aufmerksamkeit braucht ein wahrnehmendes Ich. Denken sie an eine Katze, die vor einem Mausloch sitzt. Das ist höchste Konzentration, aber im wissenschaftlichen Sinne noch kein Ich-Bewusstsein, da sie wohl nicht darüber nachdenkt, dass sie vor diesem Loch sitzt und auf die Maus wartet. Sie tut es einfach, von Moment zu Moment.

Man kann dies zusammenfassen unter dem Begriff Kern-Bewusstsein bzw. Instinkt-Ich. Dieses nicht bewusste, aber aufmerksame Instinkt-Ich lokalisiert Solms im Stammhirn, dem ältesten Bereich des Hirns. Das Stammhirn ist in erster Linie dazu da, das Überleben eines Individuums zu ermöglichen, indem es die inneren Bedürfnisse des Körpers einer Instanz übermittelt, welche dafür sorgt, dass diese Bedürfnisse in der Außenwelt befriedigt werden.

Es geht hier ganz praktisch um die Notwendigkeit des Körpers, Nahrung zugeführt zu bekommen, einen sicheren Schlafplatz zu finden, die Temperatur zu regeln, d. h. weder an zu heißen, noch an zu kalten Orten zu verbleiben,

und eine Nische für sich selbst und die eigenen Nachkommen zu finden.

Diese Instanz, welche die Bedürfnisse des Körpers wahrnimmt und in der Außenwelt befriedigt, ist ebenfalls bereits schon im Stammhirn verankert als ein rudimentäres Ich, eine Art Proto-Selbst. Es gibt dafür die Bezeichnung: S-E-L-F = Simple Ego-like Life Form.

Ohne dieses Stammhirn-Ich oder Stammhirn-Selbst wäre der Körper nicht überlebensfähig, und auf ihm sind alle späteren und komplexeren Leistungen des Ichs aufgebaut.

Was sich hier in der Hirnforschung abzeichnet ist nichts weniger als die Rehabilitation der Instinkte, des Körpers und sogar der Materie selbst, oder, wie es Jung nannte, der „psychoiden" Grundlage des Seins.

Schon von Anfang an hat also das Ich eine klare, zentrale Aufgabe, und das ist: Das für das Überleben des Individuums Notwendige zu erkennen, es zu tun, und Alternativen zum Bestehenden zu finden, wobei es genau so aufmerksam sein muss auf die Innenwelt des Körpers wie auf die konkrete Außenwelt.

Das Ich ist also eine Art Schwellenphänomen zwischen Innen und Außen. Dabei beginnt das Instinkt-Ich ganz im Körperlichen und die geistigen Dimensionen entstehen erst nachträglich - und immer nur bei Bedarf. Das ist auch heute noch der Normalzustand. Solange unser Körper funktioniert und seine Bedürfnisse ohne großen Aufwand befriedigt werden können, bleibt der Instinkt-Bereich unbewusst. Dann funktioniert alles ganz unbewusst auf „Autopilot" – und zwar perfekt.

Erst wenn ein Konflikt entsteht, der nicht mehr automatisch vom Hirn und durch die Instinkte allein gelöst werden kann, wenn z. B. eine neue Art von Verhalten gefunden werden muss, das über eine rein spontane Reaktion hinausgeht und etwas Außer-Gewöhnliches erfordert, schaltet das Hirn die Aufmerksamkeit des Instinkt-Ichs ein wie einen Scheinwerfer und nimmt das Problem in den Fokus, um eine Lösung zu finden.

Tier und Mensch merken erst dann, was los ist, und wachen sozusagen auf, um das Notwendige – das Not-Wendende – zu tun. Von

gehirn und seele

Natur aus wird dabei eigentlich immer das Richtige und Angepasste getan, denn im Instinktiven enthalten ist die Weisheit der ganzen Evolution der jeweiligen Spezies, ob das nun ein Tier ist oder ein Mensch.

Der Unterschied zwischen dem Tier und dem Menschen ist wahrscheinlich nur, dass wir Menschen uns darüber bewusst werden können, dass wir jetzt merken, was los ist, und darüber nachdenken können, was wir tun. Dazu müssen wir uns aus dem Momentgeschehen ausklinken können und innehalten, um nachzudenken, was gerade geschieht, immer im Nachhinein. Das heißt: Wir reflektieren und schauen wie von Außen zurück auf uns selbst und auf diesen Moment. Um diesen kurzen Augenblick der Distanz zu überbrücken und aus dem bloßen Tun ein bewusstes Tun zu machen, für dieses Nachdenken im Nachhinein braucht es die Sprache.

Bewusstsein und Sprache

Der Bewusstwerdungsprozess, der unbewusstes Verhalten ins Ich-Bewusstsein bringt, ist immer mit Sprache verbunden. Wenn wir etwas gedanklich wirklich erfassen wollen, dann müssen wir es in Sprache setzen und führen dabei meist auch Selbstgespräche, ob laut oder nur in Gedanken. Vorher ist alles Bild und Gefühl, was absolut präzise und aussagekräftig sein kann, aber die Essenz der Wahrnehmung ist dem Ich noch nicht bewusst.

Denken wir doch daran, wie schwierig es manchmal ist, Träume in Worte zu fassen und die Essenz eines Traumgeschehens auszuformulieren, obwohl doch eigentlich alles schon da ist! Doch wirklich darüber nachdenken und sich darüber bewusst werden, was die Botschaft und der Sinn des Traumes gewesen sein könnte, kann man erst, wenn die Traumbilder in Sprache übersetzt sind.

Unser ganzes bewusstes Denken ist im Wesentlichen an Sprache gebunden, und deshalb nennen die Neurowissenschaftler G. M. Edelman und G. Tononi nur das Sprach-Bewusstsein ein „Higher-Order-Consciousness", ein „übergeordnetes Bewusstsein". Aber auch dieses „Higher-Order-Consciousness", unser anscheinend so übergeordnetes Sprach-Ich-Bewusstsein und Denken, ist immer noch zum größten Teil unbewusst determiniert. Das hat zu tun mit dem, was G. M. Edelman das „Remembered Present" genannt hat.

Erinnerte Gegenwart

Das Hirn hat die Aufgabe, uns in jedem Moment unseres Lebens zu einer kohärenten Persönlichkeit zu machen, denn alles andere wäre gefährlich oder krank. Diese Kohärenz ist aber nur möglich, wenn in jedem Moment unseres Daseins unsere ganze Lebenserfahrung mit einbezogen wird, mit allem, was uns je begegnet ist und uns in irgendeiner Art geprägt hat. Wir sind folglich in allem, was wir tun und denken, ein Produkt unseres ganzen Lebens. Und unsere Kohärenz verlangt es auch, dass alle unsere gegenwärtigen Wahrnehmungen mit unserer ganzen Vergangenheit und Erfahrung verknüpft werden. Das meint der Begriff „Remembered Present", die erinnerte Gegenwart – eine Gegenwart voller Erinnerungen.

Aber das ist etwas, das uns gänzlich unbewusst ist. Das Hirn ist dem Ich vorgeschaltet, und wir erhalten nur die Endresultate seiner Verarbeitungsprozesse. Wir sind tatsächlich identisch mit unserem Hirn und unserer Psyche. Ein chinesisches Sprichwort sagt: „Man kann einen Fisch nicht fragen, was Wasser ist, er weiß es nicht." Es ist das, was einfach da ist und an das der Fisch so perfekt angepasst ist, dass er es gar nicht mehr wahrnimmt. Und so schwimmen auch wir in unserer Kohärenz und in unserer Psyche wie ein Fisch im Wasser und merken es gar nicht, dass unser Realitätsbezug immer ein Produkt unseres Hirns ist, und zwar in jedem Moment unseres Seins.

95 Prozent Unbewusstes

Am Ende, so sagt Mark Solms, sind wir zu 95 Prozent unserer Existenz unbewusst, und nur fünf Prozent unseres Handelns und Denkens könnten als bewusst bezeichnet werden . Und es gebe auch keine Möglichkeit, diese fünf Prozent viel weiter auszudehnen. Das sei die Grenze unseres bewussten Ichs. Was für Konsequenzen hat das für unser Menschenbild,

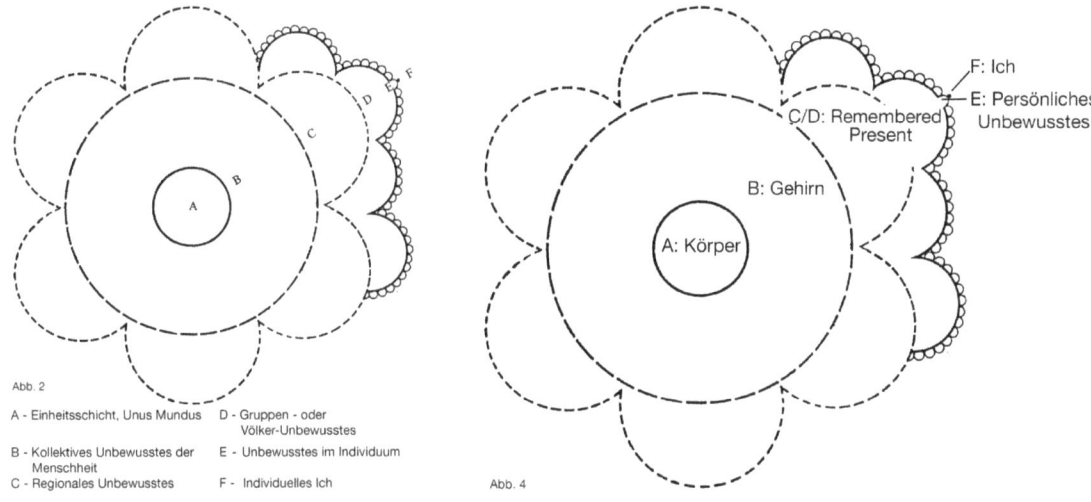

Abb. 2

A - Einheitsschicht, Unus Mundus
B - Kollektives Unbewusstes der Menschheit
C - Regionales Unbewusstes
D - Gruppen - oder Völker-Unbewusstes
E - Unbewusstes im Individuum
F - Individuelles Ich

Abb. 4

wenn man davon ausgeht, dass das Hirn alles für uns erledigt und unser Bewusstsein vom Intimsten bis zur Wahrnehmung jeder Realität bestimmt? Viele Neurowissenschaftler sind von den immensen Leistungen des Hirns so beeindruckt, dass sie zur Überzeugung kommen, dass das Ich gar keine eigene Größe sei, sondern ein Konstrukt oder sogar eine Marionette des Hirns.

Wie bereits erwähnt, stimmt das fast eins zu eins mit der zweiten Darstellung von Marie-Louise von Franz überein, wobei wir natürlich den ganzen jungschen Hintergrund ausblenden müssen, um es dem neurowissenschaftlichen Denken anzupassen (vgl. Abb. 4).

Wir finden dieses einsame Fünf-Prozent-Ich ganz am äußersten Rand der vom Hirn kontrollierten 95 Prozent, was aber dem Hirn und allen anderen Fünf-Prozent - Ichs da draußen unbewusst ist und unbewusst bleibt. Man könnte fast sagen, dass das einzelne menschliche Individuum hier nur noch ein Sandkorn auf einer Wanderdüne ist und „on the egde of chaos" lebt.

Auch Marie-Louise von Franz zeigt hier vor allem die unbewusste Seite der Psyche, und folglich ist auch in dieser Darstellung das Ich nur zu einem kleinsten Teil bewusst und sitzt, wie vorher, am äußersten Rande eines gewaltigen Universums von ihm unbewussten Inhalten und Kräften der Psyche (nicht des Hirns). Dass wir zu 95 Prozent unbewusst sind, ist hier eindeutig nachvollziehbar. Doch ist dieses Unbewusste nicht ein chaotisches „Es", sondern ein schöpferischer, sich selbst organisierender Organismus mit eigenen Gesetzen und einer inhärenten Sinngebung. Bei C. G. Jung enthält das Unbewusste SINN, und das ist das Zentrum seiner Psychologie.

Schauen wir uns diese Darstellung einmal genauer an: An der äußersten Peripherie haben wir das bewusste Ich (F) und sein persönliches Unbewusstes (E). Hier können wir anwenden, was bereits früher dargestellt wurde, und sagen, dass wir es hier mit einem Hirn zu tun haben, das absolut individuell und durch die persönlichen Erfahrungen und Lebensumstände des einzelnen Menschen geprägt ist.

Wir befinden uns hier im Bereich des „Remembered Present", der „erinnerten Gegenwart", in der alles, was wir wahrnehmen und tun, durch die „biographischen Erfahrungen des Einzelnen", wie Marie-Louise von Franz das nennt, gefärbt ist. Hier leben wir als Fisch im Wasser unserer persönlichen Psyche.

Natürlich ist dies alles auch definiert durch das Milieu und die Gruppe, in der wir aufwuchsen und in der wir unser Leben verbringen, dem Abschnitt D. Denn das Milieu, in dem wir uns bewegen, enthält auch die Prägungen, die allen Gruppenmitgliedern gemeinsamen sind.

Es ist ein Unterschied, ob man in einer wohlhabenden Gruppe aufwächst oder in einer Armutsgruppe, in der Ressourcen hart umkämpft sind. Dasselbe gilt auch für ganze Völker und die Kulturunterschiede, die sich über Jahrtausende herausgebildet haben, sowie den Zeitgeist und das Zeitgeschehen.

Im Abschnitt C kommt auch die reale Naturwelt und die Landschaft hinzu: Sind wir Bergbewohner oder kommen wir aus dem weiten Flachland? Wie viel Himmel sind wir gewohnt und wie viel Wasser? Das alles prägt das kollektive Unbewusste eines ganzen Volkes und direkt auch das Unbewusste des Einzelnen. Es gehört auch zum psychischen Wasser, in dem wir als Fisch schwimmen.

Unterhalb von Abschnitt C hat Marie-Louise von Franz einen Bruch in der Darstellung eingefügt und einen Einheitskreis gezeichnet, der alle unterschiedlichen Gruppen zusammenfasst, den Abschnitt B: Hier befindet sich das kollektive Unbewusste der Menschheit. Hier befinden wir uns auf der archetypischen Ebene des Menschseins an sich und dort, wo nicht mehr die Erfahrung des Einzelnen eine Rolle spielt, sondern nur noch die Evolution, auch die Evolution des Hirns.

Und ganz zuinnerst setzt sie noch einen Kreis, den Kreis A, und benennt ihn mit dem von Jung geprägten Begriff *unus mundus*. Er vermutet hier eine Einheitsschicht, in der Materie und Geist, Psyche und Welt nicht mehr geschieden sind. Eine latente, aber durchaus wirkungsmächtige Einheitswirklichkeit, die der ganzen Schöpfung zugrunde liegt – und die heute in der Quanten-Physik neu entdeckt wird.

Wenden wir uns also Jung zu und seiner Auffassung von diesem wirkungsmächtigen Zentrum, das er mit dem SELBST gleichgesetzt hat. Dabei ist mir wichtig darzustellen, dass wir es hier nicht mit einer intellektuellen Hypothese von Jung zu tun haben, sondern dem ureigensten Erleben von Jung selbst begegnen.

Als Jung im Jahr 1900 an die Psychiatrische Klinik Burghölzli in Zürich kam, las er zuerst einmal fünfzig Bände der *Allgemeinen Zeitschrift für Psychiatrie* und tauchte damit ein in das damals fortschrittlichste Wissen in der Psychologie, das mit Pierre Janet, mit William James und Frederic Myers, mit Théodore Flournoy, Charcot, Henry Bergson und vielen anderen verbunden war. Man erforschte damals vor allem Phänomene der Hypnose und

der Trance und interessierte sich insbesondere für jene erstaunlichen Phänomene, dass Patienten unter Hypnose geistige und körperliche Leistungen erbrachten, zu denen sie im wachen Zustand nie fähig gewesen wären.

Daraus folgerte vor allem Frederic W.H. Myers bereits 1886, dass es ein „subliminal consciousness", ein unterschwelliges Bewusstsein und ein „subliminal self", eine unter-schwellige zweite Persönlichkeit geben müsse, was William James damals als die größte Entdeckung in der Psychologie bezeichnete.

Anfangs des 20. Jahrhunderts war also eigentlich alles bereit für die Auffassung eines Unbewussten, das nicht nur Verdrängtes und Chaotisches enthielt, sondern ein eigentliches zweites Zentrum in der Persönlichkeit jedes Menschen, welches das normale Ich-Bewusstsein unter Umständen weit überragen kann.

Es gab sogar die Unterscheidung zwischen einem „subliminal self" mit kleinem S und einem „subliminal Self" mit einem großen S, welches als die Basis und die grundlegende Einheit der Persönlichkeit angesehen wurde.

Ich denke jedoch, dass es noch einen anderen Grund gab, weshalb Jung die Vorstellung von einem zweiten Persönlichkeitskern so sehr entsprach - und das ist seine eigene Erfahrung mit der Persönlichkeit Nr. 1 und der Persönlichkeit Nr. 2. Er wusste schon immer, dass sein bewusstes, alltägliches Ich nicht die ganze Sache war und dass er noch eine Persönlichkeit enthielt, die größer und bedeutungsvoller war als der, der er war. In seinen Erinnerungen bleibt dies ganz präsent:

(Es) bestand immer ein hintergründiges Gefühl, dass noch etwas Anderes als ich selber dabei war – etwas, wie wenn ein Hauch aus der großen Welt der Gestirne und der endlosen Räume mich berührt hätte, oder wie wenn ein Geist unsichtbar ins Zimmer getreten wäre Einer, der längst vergangen und doch immerwährend bis in ferne Zukunft im Zeitlosen gegenwärtig wäre.

Jung, Jaffé, 1962, S. 71

Aber er verstand auch, vor allem durch seine Träume, dass er sich als Persönlichkeit Nr. 1

dieser unbekannten, zusammenhanglosen Realität der konkreten Welt stellen musste und dass dabei sein eigenes Ich, die Persönlichkeit Nr. 1, der „Lichtträger" war auf diesem Weg, wie er geträumt hatte. Er schreibt nun:

Ich erkannte, dass mein Weg unwiderruflich in das Außen, in das Beschränkte, das Finstere der Drei-dimensionalität führte... „Ich musste Nr. 2 hinter mir lassen, das war mir klar, aber unter keinen Umständen durfte ich ihn vor mir selbst verleugnen oder ihn gar als ungültig erklären. Das wäre Selbstverstümmelung gewesen.

Jung, Jaffé, 1962, S. 92

Die Begegnung mit der Psychologie von Janet, Williams und Myers muss für ihn deshalb wie eine Befreiung gewesen sein, denn seine Nr. 2 konnte wieder mitleben. Es gab dieses „subliminal Self" mit großem S, das die normale Ich-Persönlichkeit weit überragen konnte und die Quelle von Gesundheit und Sinn war, von Kreativität und sogar von Genialität.

Nach der Trennung von Freud 1913 begab er sich auf seine Nachtmeerfahrt und begann sein „subliminal Self" tiefer zu erkunden.

Die Beschreibung seines Abstiegs in die Dunkelheit seiner eigenen Psyche ist etwas von Intensivsten, was er in seinen Erinnerungen erzählt. Und heute, da wir das Rote Buch besitzen, können wir direkt daran teilhaben. Es ist der Kampf um sein eigenes „subliminal Self" und seine Nr. 2, seine eigene, größere Persönlichkeit. Der Durchbruch kam, als er in seinen Imaginationen Kontakt zu einer inneren Gestalt bekam, die er „Philemon" nannte und ihn ganz und gar ernst nehmen konnte. Da erhielt er die innere Gewissheit,

... dass es Dinge in der Seele gibt, die ich nicht mache, sondern die sich selbst machen und ihr eigenes Leben haben. Philemon stellte eine Kraft dar, die ich nicht war. Ich führte Phantasiegespräche mit ihm, und er sprach Dinge aus, die ich nicht bewusst gedacht hatte... So brachte er mir allmählich die psychische Objektivität, die Wirklichkeit der Seele bei.

Jung, Jaffé, 1962, S. 186

Durch diese Gewissheit, die Jung nun gewonnen hatte, dass es das Selbst als objektiven, wirklichen Kern in jedem Individuum gibt, war es ihm möglich, seine ganze Psychologie zu entwickeln. Denn er konnte nun die Wirklichkeit der Seele absolut ernst nehmen, sie aber gleichzeitig auch wissenschaftlich ergründen. Und er hat so dieses ganze Instrumentarium entwickelt, das uns heute zur Verfügung steht und wohl der Grund dafür ist, dass Jungs Psychologie nicht in der Versenkung verschwunden ist, wie das leider mit den Forschungen von Myers, Janet und James geschehen ist. Jung hat effektiv das Beste aus der Psychologie des ausgehenden 19. ins 20. Jahrhundert gerettet, und nun auch ins 21. Jahrhundert, in dem es wieder entdeckt und in seinem Wert erkannt werden kann.

Aus einem riesigen Wust von Beobachtungen und Hypothesen, die diese frühen Forscher hinterlassen haben, hat Jung aus eigener Erfahrung und wie ein guter Arzt, der aufgrund von Symptomen auf die Organe schließt, die sie auslösen, seine „Anatomie der Seele" entwickelt. Da ist das kollektive Unbewusste mit den Archetypen und dem zentralen, anordnenden Kern: dem SELBST. Da sind der Schatten, Animus und Anima, die Komplexe, der finale Aspekt der Psyche und der Träume und ihre zum Ich-Bewusstsein kompensatorische und komplementäre Bedeutung.

Da ist der Individuationsprozess, die Ebene des *unus mundus* mit den Synchronizitäten, und ganz zentral, der Sinn und die Weisheit, die all diesen Prozessen in unserem Unbewussten zugrunde liegen. Damit sind wir, auch wenn wir nur ein Sandkorn im Universum wären, nicht verloren, sondern verbunden mit der Evolution und ihrer Selbstorganisation von Anfang an, dem *unus mundus*.

Und dann kam 1944 der Traum vom Yogin, der Jungs Existenz meditiert. Jung erschrak zutiefst und wusste: „Er hat einen Traum, und das bin ich". Und er erkannte, dass wenn der Yogin erwacht, „ich nicht mehr sein werde" (vgl. Jung, Jaffé, 1962, S. 326 f.).

Jung sagt dazu in seinen Erinnerungen, dass der Yogin gewissermaßen seine unbe-

gehirn und seele

wusste pränatale Ganzheit darstelle, die seine irdische Gestalt meditiere. Und er schließt daraus, dass der Traum das Verhältnis von Ichbewusstsein und Unbewusstem geradezu umkehre und das Unbewusste als Erzeuger der empirischen Person darstelle.

Denn nun müssten wir davon ausgehen, sagte er, dass „nach Ansicht der anderen Seite unsere unbewusste Existenz die wirkliche ist und unser Bewusstsein eine Art Illusion oder eine scheinbare, zu einem bestimmten Zweck hergestellte Wirklichkeit darstellt" (vgl. Jung, Jaffé, 1962, S. 326 f.).

Und er fügt bei: „Die unbewusste Ganzheit erscheint mir daher als der eigentliche spiritus rector alles biologischen und psychischen Geschehens". (Jung, Jaffé, 1962, S. 326 f.)

Finden wir uns hier nicht plötzlich wieder im Zentrum der Neurowissenschaften, die eben genau dies sagen: Unser Ich ist ein Konstrukt unseres Hirns? Sind wir etwa eine Meditation unseres Hirns? Kann das sein?

Der Yogin, der Jung meditiert, ist aber kein Chaos oder ein nur trieborientiertes freudsches „Es". Es ist, wie Jung sagt, sein Selbst „in einer religiösen Einstellung", denn der Yogin meditiert vor einem Altar. Und er nennt ihn eine unbewusste Ganzheit und den eigentlichen spiritus rector der Psyche (vgl. Jung, Jaffé, 1962, S. 326 f.).

Damit bekommt nun unsere Abb. 3 eine ganz neue Bedeutung (Abb. 5): Nun stehen wir im Dunkeln und schauen aus der Dunkelheit unserer persönlichen Existenz in das Licht im Zentrum, auf das SELBST. Und es ist das Licht dieses großen Gegenübers, das sichtbar wird. Was wir sehen, ist „das Andere, das uns meditiert..." (vgl. Jung, Jaffé, 1962, S. 326 f.).

Doch geschieht das nur, wenn wir aus der Dunkelheit und Unbewusstheit unseres persönlichen Lebens auf unsere größeren, inneren Dimensionen blicken und sie absolut ernst nehmen, so wie Jung Philemon ernst genommen hat. Dann erschließt sich uns das Unendliche, aber nicht als Chaos und als etwas Überwältigendes, dem wir Meister werden müssten, sondern als Weisheit und Ordnung.

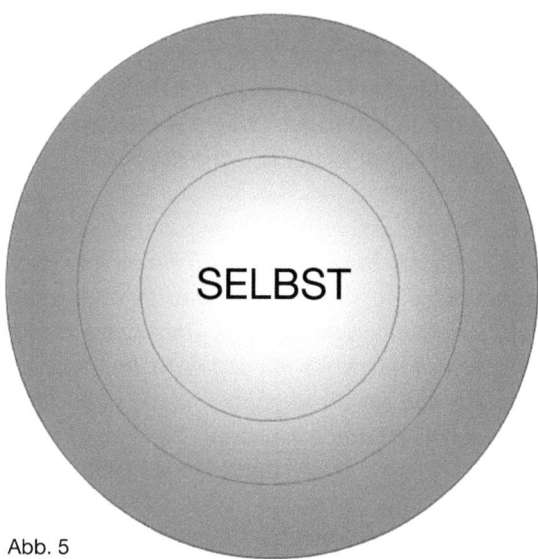
Abb. 5

Hierher gehört für mich der zentrale Satz von Jung:

Die entscheidende Frage für den Menschen ist: Bist du auf Unendliches bezogen oder nicht? Das ist das Kriterium seines Lebens.

Jung, Jaffé, 1962, S. 327

Und was ist nun die Bedeutung des Ichs vor dieser Unendlichkeit? Jung spricht als letzten Satz in seinen Erinnerungen einen ungeheuren Gedanken aus:

Soweit wir zu erkennen vermögen, ist es der einzige Sinn der menschlichen Existenz, ein Licht anzuzünden in der Finsternis des bloßen Seins. Es ist sogar anzunehmen, dass, wie das Unbewusste auf uns wirkt, so auch die Vermehrung unseres Bewusstseins auf das Unbewusste.

Jung, Jaffé, 1962, S. 329

Jung sagt hier nichts weniger, als dass der Mensch in eine Partnerschaft mit dem Selbst eintreten kann. Oder, wie es im Taoist I Ging heißt: Der individuierte Mensch kann „A Peer of Heaven" werden. Auch im I Ging von Master Huang heißt es: „Heaven is great, Earth is great, and human beings are also great", was ich so verstehe, dass Himmel und Erde den Menschen zum Partner haben. Ich erkläre mir dies mit den Erfahrungen aus der Traumarbeit:

Sobald wir einen Traum gedeutet haben, reagiert das Unbewusste mit einer Anpassung. Es bleibt sich dabei immer selber treu und verfolgt seine Ziele unentwegt weiter, aber es integriert unsere Reaktion und antwortet auf unsere Haltung. Es entsteht, wahrnehmbar, eine Zusammenarbeit zwischen unserem Ich und unserem Unbewussten, und wir können erkennen, in welchen größeren Sinn-Zusammenhängen wir enthalten sind. So kann diese „Kooperation von Ich-Bewusstsein und dem Unbewussten" entstehen, welche Jung als Ziel bezeichnet hat „für eine Menschheit, die sich sinnvoll der Schöpfung einordnet und dieser Sinn verleiht" (vgl. Jung, Jaffé, 1962, S. 341).

Damit hat unser kleines, so ganz am Rande der großen psychischen Prozesse angesiedeltes Ich am Ende, laut Jung, sogar noch eine „kosmogonische Bedeutung" erhalten, das heißt, eine sinngebende und welterklärende Bedeutung.

Dazu muss man sich auf der einen Seite ganz auf die Inhalte, die aus dem Unbewussten auftauchen, einlassen können, aber auf der anderen Seite muss man sich gegen sie auch abgrenzen. Würde man sich ihnen Ich-los ausliefern, so würde man identisch mit dem Unbewussten und tatsächlich eine Marionette des Unbewussten. Bleibt das Ich aber zu stark und kann man sich auf diesen Prozess nicht richtig einlassen, dann verbleibt die ganze Analyse im Unverbindlichen und Ästhetischen, und die Zusammenarbeit zwischen dem Ich und dem Unbewussten wird nie eine echte, persönliche Erfahrung.

Jung sagt im 8. Kapitel von *Mysterium Coniunctionis*, dass man sich „mit seiner ganzen Wirklichkeit in die Handlung" eingeben muss, damit diese Zusammenarbeit gelingt (vgl. Jung, GW 14, § 406), das heißt, eingeben auch mit der eigenen Kritikfähigkeit, der eigenen Urteilskraft und der ganzen, eigenen Realität, damit auch das Selbst die Möglichkeit bekommt, real zu werden. Das sei „die entscheidende Auseinandersetzung mit dem Unbewussten", und „der Beginn der bewussten Individuation" vgl. Jung, GW 14, § 406 ff.).

Und das Ziel dieser Bemühungen sei, so schreibt Jung (und wir wissen, dass er hier wieder auch von sich selbst spricht) „die Aussagen des Unbewussten um ihres kompensierenden Inhaltes willen dem Bewusstsein zu integrieren und damit jenen ganzheitlichen Sinn herzustellen, der allein das Leben lebenswert und für nicht wenige Leute überhaupt möglich macht." Denn das, was man so aus eigener Erfahrung gewinne, sei „der Glaube an die Tragfähigkeit des Selbst" und „eine gewisse innere Sicherheit, bestehen zu können" (vgl. Jung, GW 14, § 406 ff.).

Ein Zen-Meister fragte Jung einmal: „Welchen Platz hat das Ich in der Gesamtpersönlichkeit?" und Jung antwortete schlicht: „Das Ich ist wie ein Licht in einer Nacht." Und wenn es auch nur ein Fünf-Prozent-Licht ist, so ist es eben doch sehr, sehr wichtig...

Literatur

Edelman, G. M., Tononi, G. (2000): Conscious – How Matter Becomes Imagination. New York: Basic Books
Edelman, G.M. (1989): The Remembered Present: A Biological Theory of Consciousness. . New York: Basic Books
v. Franz, M.-L. (1978): Spiegelungen der Seele. Projektion und innere Sammlung in der Psychologie C. G. Jungs. Stuttgart: Kreuz
Hinshaw, R., Fischli L. (1986): C. G. Jung im Gespräch; Gespräch mit einem Zen-Meister 1958. Einsiedeln: Daimon
Jung, C. G. (1971): Mysterium Coniunctionis. GW 14/2. Olten: Walter
Jung, C. G., Jaffé, A. (1962): Erinnerungen, Träume, Gedanken. Zürich: Rascher
Solms, M. (2002): The Brain and the Inner World. Other Press

Ursula Kiraly-Müller
Dipl. arch. ETH, Diplom am Forschungs- und Ausbildungszentrum für Tiefenpsychologie in Zürich. Thesis: „Projektionsrückzug als Bewusstwerdungsprozess". Vorstandsmitglied im Psychologischen Club Zürich.

Gerhard Roth / Nicole Strüber

Wie das Gehirn die Seele macht

Stuttgart: Klett-Cotta 2014

Der Hirnforscher Gerhard Roth untersuchte in der so genannten Hanse-Psychotherapiestudie (dargestellt in *Wie das Gehirn die Seele macht*) die Wirkung von Psychotherapie. Demnach führe Psychotherapie nachweislich zu strukturellen Veränderungen im Gehirn. Wichtig sei, was auch viele andere Studien schon gezeigt haben, vor allem die Qualität der „therapeutischen Allianz", also die Passung zwischen Patient und Behandler. Für nachhaltigen Therapieerfolg müssten die emotionalen (subkortikalen) Bereiche erreicht und aktiviert werden. Dazu sei meist eine längere Therapie, die mehrere Jahre beanspruchen könne, unabdingbar.

An der Kognitiven Verhaltenstherapie kritisiert er, dass hier oft eine Verwechslung von Ursache und Wirkung vorliege. Rational-kognitive Argumente seien, trotz intellektueller Einsicht der Patienten, wenig effektiv. Therapeutische Effekte würden wohl wesentlich auf adaptiven Veränderungen limbisch-emotionaler Zentren, insbesondere in Hinblick auf das Stressverarbeitungs-, Selbstberuhigungs- und Bindungssystem beruhen, nicht oder nicht primär auf kognitiver Umstrukturierung.

Auch beruhten die von der Kognitiven Verhaltenstherapie geschilderten Erfolge bei Kurzzeittherapien vermutlich auf einem universalen Effekt, der weniger mit der Methode, sondern mit auch bei anderen Therapieformen auftretenden positiven Bindungs-Erfahrungen und der Vermittlung von Hoffnung und Heilungserwartung zusammenhänge.

Auch die psychodynamischen Therapieformen werden von Roth kritisiert. Zwar hätten sich durch die Hirnforschung etliche der Aussagen der psychodynamischen Richtungen bestätigt:

- Das Unbewusste kontrolliere das Bewusstsein stärker als umgekehrt.

- Das Unbewusste entstehe vor dem Bewusstsein; es lege sehr früh die Grundstrukturen des Psychischen und des bewussten Erlebens, des „Ich", fest.

- Das Bewusstsein habe keine oder nur geringe Einsicht in die unbewussten Determinanten des Erlebens und Handelns.

- Frühkindliche Bindungserfahrungen hätten einen entscheidenden Einfluss auf die Persönlichkeitsentwicklung.

Hingegen seien aber andere Annahmen der Psychoanalyse nicht belegt. Der psychoanalytische Optimismus, durch das deutende Bewusstmachen und Durcharbeiten vergessener oder „verdrängter" Erlebnisse könne man frühe traumatische Erfahrungen heilen, sei nicht gerechtfertigt. Frühe Erfahrungen bis etwa zum dritten Lebensjahr seien nicht wirklich erinnerbar und bearbeitbar. Frühe Störungen könnten nicht geheilt, sondern nur gelindert werden.

Ein Blick durch die biopsychosoziale Brille

Warum Immunologie und Psychotraumatologie immer näher zusammenrücken

Christian Schubert

Alles eine Frage der Betrachtungsweise …

…auch in der Medizin! Denn das in einer Gesellschaft vorherrschende Medizinmodell prägt das Verständnis von Krankheit und Heilung von Grund auf. Es entscheidet durch welche Brille Patienten, Ärzte, Wissenschaftler und alle anderen Player des Gesundheitssystems medizinische Phänomene betrachten. Und das wird leicht übersehen.

So auch in der derzeitigen bzw. klassischen Schulmedizin, in der das vorherrschende Medizinmodell ein *Maschinenmodell* des Menschen ist. Das bedeutet, dass mechanistische und dadurch stark vereinfachte Ursache-Wirkungs-Verbindungen als grundlegend für die Entstehung und Behandlung von Krankheit angenommen werden. In diesem Zusammenhang werden verschiedene, zumeist biologische, Faktoren erforscht und diskutiert, die eine bestimmte Krankheit begünstigen. Dazu zählen z.B. genetische Marker, Auffälligkeiten im Neurotransmitter-Haushalt sowie Risikofaktoren, die sich auf den Lebensstil beziehen (z. B. Zigaretten- oder Alkoholkonsum, Ernährungsgewohnheiten). Obwohl aber fast jeder Mensch unterschiedlichen Risikofaktoren ausgesetzt ist, erkrankt nicht jeder an Krebs, einer Depression oder verstirbt frühzeitig an einem Herzinfarkt. Umgekehrt hört man immer wieder von Fällen, wo Menschen einen sehr gesunden Lebensstil pflegen und dennoch früh im Leben erkranken. Nun kann man argumentieren, dass diese Menschen eben Ausnahmen sind und einfach Pech bzw. einen Schutzengel haben, allerdings ist dies aus wissenschaftlicher und erkenntnistheoretischer Sicht nicht sonderlich befriedigend. Abhilfe kann geschaffen werden, wenn die vielschichtigen Phänomene in einen Verständnisrahmen eingeordnet werden, der deren Komplexität zulässt. Einer der mit einbezieht, dass sich biologische, psychologische und soziale Faktoren wechselseitig beeinflussen und nicht unabhängig, d.h. parallel voneinander „funktionieren". Die zugrunde liegende Perspektive auf den Menschen muss also eine ganzheitlich-vernetzte sein.

Think Network!

Einen solch ganzheitlichen Standpunkt vertritt ein Medizinmodell, das dem geläufigen Maschinenmodell diametral gegenübersteht: Das *Bio-Psycho-Soziale Modell von Engel* (1977).

Es geht von mehreren hierarchisch organisierten *vertikalen* Ebenen des Menschen aus (Biologie, Psyche, Soziale Ebene), die nach „oben" und „unten" hin fast beliebig weit erweiterbar sind und somit von subatomaren Teilchen, über zwischenmenschliche bis zu gesellschaftliche oder biosphärischen Prozessen reichen. (Abb. 1).

Dabei steigt die Komplexität nach oben hin an, weil die einzelnen Ebenen aufeinander aufbauen und deshalb die Anzahl der Systeme, die ineinander greifen, exponentiell ansteigt. Die einzelnen Ebenen beeinflussen sich ständig wechselseitig: Emotionen beeinflussen unseren Körper und das Immunsystem, ein Streit mit dem Partner wiederum unsere Emotionen und wenn wir krank sind, wirkt sich das in der Regel eher negativ auf unsere Stimmung aus. Je nach Richtung der Beeinflus-

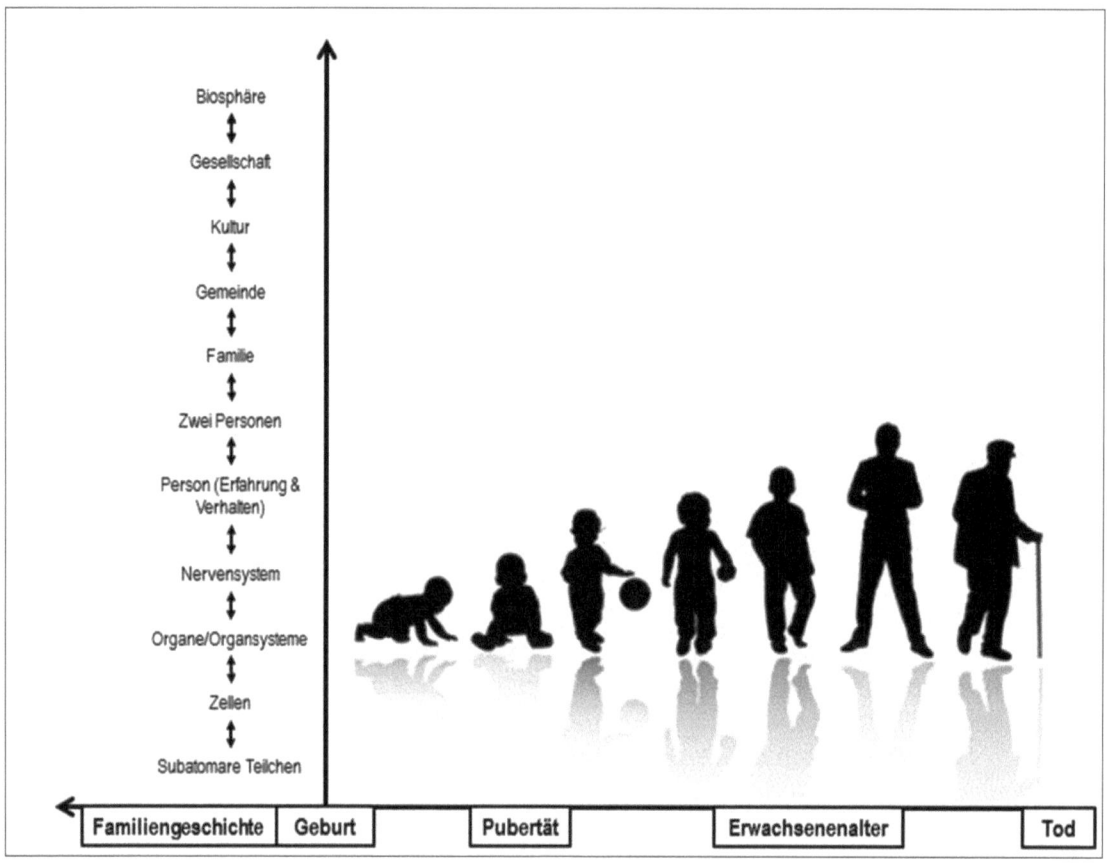

sung nennt man diese Bottom-up (von „unten" nach „oben")- und Top-down (von „oben" nach „unten")-Prozesse.

Neben der vertikalen, schichtenartigen Organisation des Menschen kann auch von einer schematischen *horizontalen* Ebene ausgegangen werden. Damit ist eine zeitliche Trajektorie gemeint, die zwar von Engel nicht explizit in sein bio-psycho-soziales Modell einbezogen wurde, aber als sinnvolle Ergänzung angesehen werden kann. Dieser zeitliche Aspekt bezieht sich auf die Vergangenheit, die Gegenwart und die Zukunft eines Menschen und beschreibt die Wechselwirkungen der verschiedenen Systeme über die Lebensspanne hinweg (Abb. 1). Dabei verlaufen manche Prozesse sehr schnell und andere sind eher langsame, kontinuierliche Veränderungen, die sich über mehrere Wochen, Monate, Jahre oder Jahrzehnte hinweg entwickeln.

Insgesamt kann man sich den Menschen also wie ein hoch komplexes Netzwerk aus verschiedensten bio-psycho-sozialen Systemen vorstellen, welche sich ständig gegenseitig beeinflussen und durch Feedbackmechanismen regulieren und so in einem konstanten Austausch mit der Umwelt stehen.

Das Netzwerk Mensch zwischen Anpassung und Überforderung

Wenn ein bio-psycho-soziales Netzwerk durch Stressoren stimuliert wird, wird es zur Anpassung genötigt. Und das betrifft sowohl leichte wie auch schwere Stressoren und insbesondere jene, die für den Betroffenen von emotionaler Bedeutung sind.

Zu den wohl fundamentalsten Stressoren zählen in diesem Zusammenhang frühe traumatische Erfahrungen, insbesondere diejenigen, die von nahen Bezugspersonen verursacht wurden (z.B. Vernachlässigung, körperliche Misshandlung und/oder sexueller Missbrauch). Was, wenn ein solcher Stressor die vorhandenen, kindlichen Verarbeitungskompetenzen überschreitet? Ein weitaus erhöhtes Risiko für psychische Störungen sowie schwere somatische Erkrankungen im Erwachsenenalter, die ohne weiteres auch mit einem frühen Tod einhergehen können, ist die Folge. So viel steht mittlerweile fest.

Ziel dieses Artikels ist es, den Verlauf von traumatischem Stress in der biographischen Vergangenheit hin zu diesen verheerenden Zukunftsfolgen nachzuvollziehen. Dafür muss in einem ersten Schritt erörtert werden, wie das hochkomplexe Netzwerk Mensch prinzipiell auf Stress reagiert. Um einen ganzheitlichen Blick auf die Phänomene anzuregen, sollen sich die Grundpfeiler des bio-psycho-sozialen Modells wie ein roter Faden durch die Arbeit ziehen. Bitte setzten Sie die bio-psycho-soziale Brille also jetzt auf!

Stresssystem: Bio-psycho-sozial

Die wissenschaftliche Disziplin, die sich mit den Gesundheitsfolgen von u.a. frühem Stress auseinandersetzt, ist die Psychoneuroimmunologie oder kurz: PNI. Als Teilgebiet der Psychosomatik untersucht die PNI die Wechselwirkungen zwischen dem Nerven-, Hormon- und Immunsystem als Ausdruck und unter dem Einfluss psychischer und psychosozialer Faktoren. Im Fokus steht dabei in der Regel jener Teil eines sogenannten „immunoneuro-endokrinen Netzwerks", welcher für die Stressverarbeitung zuständig ist.

Als Stresssystem bezeichnet man in der PNI jene anatomisch und funktionell verknüpften Teile des Körpers, die bei der Anpassung des Organismus an innere und äußere Veränderungen aktiv werden. Dazu zählen verschiedene Bereiche des Gehirns, wie der Hippocampus, die Amygdala, der frontale Cortex und der Hypothalamus, sowie Teile des sympathischen und parasympathischen Nervensystems und andere periphere Strukturen, wie die Hypophyse und Nebennierenrinde bzw. -mark. Sie bestimmen das Ausmaß und die Intensität der immunologischen Stressreaktion. Maßgeblich ist dabei, dass Stress die Anpassungsleistung des Organismus sowohl an immaterielle (z.B. psychische) als auch an materielle (z.B. antigene Substanzen) Einflüsse oder Stressoren aus der biopsychosozialen Realität eines Menschen darstellt.

Wie der Mensch abwehrt:
Bio-psycho-sozial

Im Detail sieht das wie folgt aus: Sieht sich das Individuum einem Stressor ausgesetzt, folgt eine physiologische Aktivierung, bei der der Körper alle möglichen Energiereserven mobilisiert, die ihm zur Verfügung stehen, um das Überleben zu sichern. Das passiert auch im Immunsystem: Es bereitet sich mittels entzündlicher zellulärer Immunreaktion auf Verletzungen und andere mögliche gesundheitsschädliche Szenarien vor, bildet also einen immunologischen Abwehrwall, um dem Organismus damit bei Verwundung oder Infektionen möglichst schnell erste Hilfe zu leisten.

In zeitlich begrenzter Form ist dies eine überlebenswichtige Funktion und hilft bei der Heilung von Wunden, Abwehr von Fremdantigenen und Überwachung von Krebszellen. Langfristig gesehen müssen die Entzündungsproteine allerdings wieder rückreguliert werden, da die Immunzellen sonst körpereigenes, gesundes Gewebe und Zellen angreifen.

Für die Rückregulation dieser Entzündungsanstiege stehen dem Organismus zwei zentrale biologische Systeme zur Verfügung:

Zum einen wird der sog. Vagusnerv, d. h. der parasympathische Teil des autonomen Nervensystems aktiviert, was man auch als „inflammatorischen Reflex" bezeichnet.

Andererseits wird die sogenannte Hypothalamus-Hypophysen-Nebennierenrinden-(HPA)-Achse in Gang gesetzt. Dabei wird über die Freisetzung von CRH und ACTH letztlich durch die Nebennierenrinde das Stresshormon Cortisol freigesetzt, welches an den spezifischen Rezeptoren der Immunzellen (Glucocorticoidrezeptoren) anbindet und die entzündliche Immunreaktion eindämmt.

Soweit so gut. Ein Blick durch die bio-psycho-soziale Brille macht aber deutlich: Es handelt sich hier nicht um einen rein biologischen, sondern vielmehr um einen bio-psycho-sozialen Abwehrwall. Denn neben (oder besser: in Kombination mit) der beschriebenen biologischen Immunabwehr stehen dem Organismus auch eine Reihe psychosoziale Abwehrmechanismen zu Verfügung. Psychodynamisch gesehen, und demnach sozusagen als Manöver der Seele, können innerpsychische Abwehrmechanismen wie Verdrängung, Rationalisierung oder Projektion dem Menschen Schutz vor bedrohlichen inneren und äußeren Reizen gewähren (vgl. Schubert, Im Druck). Interessante Hinweise dafür, wie sich Individuen auf gesellschaftlich-kulturellen Ebenen schützen, liefern Untersuchungen zum Behavioural Immunsystem. Auf diese, im biopsychosozialen Modell als höherkomplex eingestuften Aspekte, kann an dieser Stelle nicht vertieft eingegangen werden. Im Sinne der Netzwerk-Perspektive muss jedenfalls eine weitreichende Verflechtung angenommen werden. Es stellt sich deshalb die Frage, inwieweit physiologische, psychologische und soziale Abwehrprozesse überhaupt als voneinander getrennt betrachtet werden sollten.

Wie sich der Mensch entwickelt: Bio-psycho-sozial

Nun aber zurück zur Ursprungsfrage: Warum sind frühkindliche Belastungen mit so besonders drastischen Gesundheitsauswirkungen verbunden? Vermutlich weil sich die körpereigenen Schutzsysteme gar nicht erst richtig ausbilden können. Die gesunde -Entwicklung folgt nämlich einem sensiblen Entwicklungsverlauf:

Bereits in den ersten Schwangerschaftswochen beginnt der Embryo das Stress-System auszubilden. Im letzten Trimester der Schwangerschaft steigt beim Fötus der Cortisol-Spiegel an. Durch diese erhöhten Cortisolkonzentrationen werden Entzündungsstoffe des mütterlichen Immunsystems herunterreguliert, die insbesondere im letzten Trimester der Schwangerschaft zu Fehl- und Frühgeburten führen können.

Mit diesen physiologisch erhöhten Cortisol-Levels (Hypercortisolismus) kommt das Kind auf die Welt. In der Regel bildet sich dieser physiologische Hypercortisolismus innerhalb des ersten Lebensjahres zurück und es folgt eine Phase der erschwerten Stimulierung der HPA-Achse, die stress-hyporesponsive period (SHRP).

Man geht davon aus, dass die kindliche Stressreaktion in dieser Zeit durch das fürsorgliche Verhalten von Bezugspersonen abgefedert wird. Beispielsweise weisen Kinder in Anwesenheit einer Bezugsperson bei leichtenbis mittelschweren Stressoren (z.B. Impfung) keine Cortisolerhöhungen auf. Die Komplementarität mit dem elterlichen Fürsorgesystem bestimmt also das Ausmaß der Stressreaktion mit, wobei die Bindungsqualität als ausschlaggebender Faktor anzunehmen ist.

Der Bindungsstil, der im Idealfall ein sicherer ist (Typ B nach Ainsworth et al., 1978) entwickelt sich interessanterweise etwa zur Zeit der SHRP - Diese Entwicklungsjahre sind demnach auch für die Ausbildung psychischer Schutzsysteme höchst relevant. Dass früher Stress das Bindungsverhalten immens beeinträchtigen kann, zeigt sich unter anderem darin, dass 80% aller misshandelten Kindern einen desorganisierten Bindungstyp (Typ D nach Ainsworth et al., 1978) aufweisen (vgl. Sachsse, 2003).

Dass das Ausmaß der Bindungssicherheit an das immunoneuroendokrine Geschehen gekoppelt ist, stellt die Arbeit von Fagundes und Kollegen (vgl. Fagundes, Bennett, Derry, & Kiecolt-Glaser, 2011) zusammenfassend dar: Unsicher gebundene Personen reagieren im Vergleich zu sicher gebundenen Individuen auf akute Stressoren nämlich mit erhöhter sympathischer Aktivität sowie erhöhten Cortisol- und Entzündungsanstiegen.

Angenommen werden kann, dass die biologischen, psychologischen und sozialen Entwicklungsschritte aufeinander abgestimmt sind, um dem Kind die Ausbildung eines verlässlichen eigenen psychoneuroimmunologischen Schutz- und Abwehrsystem zu ermöglichen.

Das zeigt sich auch beim Eintritt in die Pubertät: Einhergehend mit der psychosozialen Ablösung des Jugendlichen von den Eltern findet auch das Immunsystem langsam zu einer regulativen Balance (Entzündungsanstiege und entsprechende Gegenregulation). Das Individuum sollte dann mit fortschreitender Ablösung von den Bezugspersonen in der Lage sein, Stress über die oben beschriebenen Stressverarbeitungssysteme flexibel zu verarbeiten.

Die Folgen früh fehlgeleiteter Entwicklungsverläufe

Die erschwerte Stimulierbarkeit des Stress-Systems bzw. die SHRP schützt also das sozial gut umsorgte Kind vor den Auswirkungen von Stress in der Kindheit. Kinder aus unzuverlässigen Familiensystemen können hingegen nicht auf diesen Schutz zurückgreifen, wodurch sie dem Stress ungeschützt ausgesetzt sind. Immunologisch gesehen können diese Kinder durch den konstanten Stress und den fehlenden elterlichen Schutz nicht aus dem Hypercortisolismus aussteigen. Das führt vermutlich dazu, dass der Verlauf hin zu einer balancierten HPA-Achsen-Funktion bei Kindern, die frühem Stress ausgesetzt waren, umgekehrt ist: Das bisher eher hyperresponsive Stress-System (Hypercortisolismus) wird im Erwachsenenalter zu einem hyporesponsiven (Hypocortisolismus) mit gestörtem zirkadianen Rhythmus. Das bedeutet, dass während der Kindheit erhöhte und im Erwachsenenalter zunehmend niedrigere Cortisollevels vorliegen.

Hypocortisolismus

Zu einem solch pathologischen Verlauf kann es kommen, weil längerfristiger Hypercortisolismus zu einer Erschöpfung der bereits beschriebenen, für die Gesundheit so essentiellen, HPA-Achsen-Rückkoppelungsfunktionen führen kann. In Folge kann nicht ausreichend Cortisol bereitgestellt werden (Hypocortisolismus) bzw. sprechen die Glucocorticoidrezeptoren nicht mehr adäquat auf Cortisol an.

Früher Entwicklungsstress scheint also Veränderung dahingehend hervorzurufen, wie das PNI-Netzwerk Stress verarbeitet, wobei Hypocortisolismus die normalerweise flexiblen Rückkoppelungsmechanismen der HPA-Achse sozusagen „erstarren" lässt.

Diese und andere Konsequenzen frühkindlicher Traumatisierung zeigt eine der wohl umfangreichsten und aufwendigsten Studien in diesem Bereich von Trickett et al. (2011) auf:

Über 23 Jahre sammelten die Autoren Daten zu sechs- bis 16jährigen Mädchen (n=166), wovon 82 Probandinnen sexuellen Missbrauch erfahren hatten. Die Ergebnisse konnten zeigen, dass sexuell misshandelte Mädchen im Vergleich zu einer nicht misshandelten Kontrollgruppe eine abgeflachte Cortisolreaktion in Folge von einer Stimulation mit ovine corticotropin-releasing hormone (oCRH) aufwiesen (Dämpfung der HPA-Achse). Darüber hinaus wurde der bereits erwähnte nachteilige Shift vom Hyper- zu Hypocortisolismus durch die Ergebnisse untermauert.

Auch die Liste der psychosozialen Folgen, die aus der Studie ersichtlich werden, ist lang. Sexuell missbrauchte Probandinnen wiesen beispielsweise mehr kognitive Defizite, Depressionen, dissoziative Symptome, PTSD, Selbstverstümmelung, pschiatrische Erkrankungen, maladaptives sexuelles Verhalten, Teen-Schwangerschaften und Frühgeburten, Drogen- und Alkoholmissbrauch und Übergewicht auf.

Durch die bio-psycho-soziale Brille betrachtet, sind die Parallelen zwischen solch stressassoziierten psychischen Folgen und denjenigen die die Stressachsen betreffen unübersehbar: Denn auch psychologisch gesehen kommt es zu einer veränderten, oftmals „erstarten" Wahrnehmung von bzw. Reaktion auf Umweltreize/n. Dissoziative Symptome zeigen dieses Erstarren besonders deutlich auf.

Aus einer holistischen Perspektive heraus sollte man sich an dieser Stelle demgemäß fragen, ob es das gesamte bio-psycho-soziale Wahrnehmungsspektrum ist, das sich in Reaktion auf frühen traumatischen Stress verändert bzw. unflexibler wird.

Die vielen Studien, die Überschneidungen zwischen PTBS und HPA-Achsen-Dysfunktionen bzw. immunologischen Entgleisungen aufzeigen, unterstreichen diese Annahme. In einem solchen Fall würden übliche PTBS-Symptombeschreibungen bzw. konventionelle, dualistisch aufgebaute Klassifikationssysteme zu kurz greifen, um bio-psycho-soziale Traumafolgestörungen adäquat zu beschreiben - weil traumatischer Stress das Gesamtsystem

gehirn und seele

Mensch mit all seinen psychoneuroimmunologischen Wahrnehmungsmöglichkeiten verändert bzw. „erstarren" lässt.

Entzündungserkrankungen

Feststeht, dass durch diese HPA-Achsen-Unterfunktion nachfolgende stressbedingte Entzündungsreaktionen nicht ausreichend rückreguliert werden können. Bei Kindern, die früh Belastungen ausgesetzt sind, werden also im Gegensatz zu Kindern, die in einem harmonischen Umfeld aufwachsen, Entzündungsanstiege begünstigt.

Danese und Kollegen (2007) zeigten in diesem Zusammenhang beispielsweise, dass Stresserfahrungen in den ersten zehn Kindheitsjahren (u.a. Trennung von den primären Bezugspersonen, körperlicher und sexueller Missbrauch, überstrenger Erziehungsstil, Zurückweisung durch die Mutter) 20 Jahre später mit erhöhten Entzündungswerten assoziiert waren, was sich in einer erhöhten Konzentration des C-reaktiven Proteins (CRP) und Fibrinogens sowie der Leukozytenzahl manifestierte. Dieser Zusammenhang war umso stärker, desto klarer die Hinweise auf Missbrauch in der Kindheit waren.

Die gravierenden Auswirkungen der chronisch erhöhten immunologischen Entzündung zeigt eine der wohl populärsten Studien im Zusammenhang mit Spätfolgen frühkindlicher Traumatisierung. Die sogenannte Adverse Childhood Experience (ACE-) Study aus den 90er Jahren wurde von Vincent Felitti im Rahmen seiner Tätigkeit bei einer amerikanischen Lebensversicherung an zwei umfangreichen Stichproben von etwa 27.000 Personen in den USA durchgeführt (vgl. Felitti et al., 1998).

Eine Reihe von Veröffentlichungen aus diesem Projekt belegte daraufhin eindrücklich, wie ungünstig sich traumatische Kindheitserfahrungen auf die Gesundheit im Erwachsenenalter auswirken. Erkrankungen, die sich in linearer Abhängigkeit vom Ausmaß früher Traumatisierungen zeigten, waren beispielsweise koronare Herzkrankheit, Krebs, chronische Lungenerkrankungen, Frakturen und Lebererkrankungen.

Diese Ergebnisse stellen also einen korrelativen Zusammenhang zwischen der sozialen (Missbrauch/Vernachlässigung) und der biologischen Ebene über einen langen Zeitraum her. Im bio-psycho-sozialen Kontinuum bedeutet das, dass die mangelhafte soziale Fürsorge nachhaltige negative Konsequenzen für die Entwicklung der darunter liegenden „niederkomplexen" Ebenen hat. Entzündungserkrankungen können demnach Ausdruck einer langen, biographisch begründeten, hochkomplexen bio-psycho-sozialen Entstehungsgeschichte sein, die auf horizontaler Ebene bis in die Gegenwart hineinragt. Klar wird: Es greift zu kurz, wenn Biomediziner erhöhte Entzündungswerte nach Schema F herunterregulieren – Es sind übergeordnete Determinanten, die sich dann nur in einem letzten Schritt auf der Symptomebene manifestieren.

Fazit. Und: Wie soll es weitergehen?

Zusammenfassend kann festgehalten werden, dass das eingangs eingeführte bio-psycho-soziale Paradigma einen adäquaten Rahmen für die Interpretation der Ergebnisse zu frühkindlichen Traumata und Erkrankungen im Erwachsenenalter bietet: einerseits weil psychische und physische Folgen von Traumatisierung darin nicht unabhängig voneinander, sondern, im Sinne einer *vertikalen Ebene*, als eng miteinander verwoben verstanden werden, andererseits weil es die Verankerung *horizontaler* psychoneuroimmunologischer Prozesse erlaubt, die sich von der Kindheit bis ins Erwachsenenalter fortsetzen.

Die in der modernen Medizin übliche reduktionistische bzw. dualistische Symptombeschreibung und –behandlung, bei der neben vergangenen und gegenwärtigen Ereignissen auch psychische und physische Prozesse als mehrheitlich isolierte Einzelelemente und ohne ihre Integration in ein Ganzes betrachtet werden, wird der Komplexität menschlichen Lebens hingegen nicht gerecht.

Ein umfassendes Verständnis dessen, dass toxischer und traumatischer Stress als Überbringer einer soziopsychoneuroimmunologischen Signatur das Erkrankungsrisiko lebenslang und weit über die Zeit der ursprünglichen Stresserfahrung hinaus erhöht (vgl. Shonkoff & Garner, 2011), kann sich nur dann etablieren, wenn grundlegend paradigmatische Veränderungen in der Medizin zugelassen werden.

Ein solches Umorientieren in Richtung Bio-psycho-sozial erfordert, dass …

… der gezielten psychotherapeutischen Aufarbeitung höher komplexerer innerpsychischer Konflikte bzw. der Integration traumatischer Erfahrungen (die sich auf niederkomplexeren Symptomebenen niederschlagen) große Bedeutung zuteil wird.

… Krankheiten nicht als abgeschottetes Element einer Lebensphase, sondern im Sinne einer „Life Course"-Perspektive, als in die bio-psycho-soziale Lebensgeschichte des Patienten eingebettet verstanden werden.

In einem allerersten Schritt muss aber ein Bewusstsein dafür geschaffen werden, dass das biomedizinische Paradigma nur die eine, sehr gewohnte Betrachtungsweise in der Medizin darstellt und dass ein „Durch-Die-Bio-psychosoziale-Brille-Sehen" Antworten auf Fragen mit sich bringen kann, deren medizinische Klärung längst überfällig ist. Aus diesem Grund: Bitte lassen Sie die biopsychosoziale Brille aufgesetzt!

Literaturverzeichnis
Ainsworth, M.D., et al. (1978): Patterns of attachment: a psychological study of the strange situation. Hillsdale, NJ: Lawrence Erlbaum Associates, Inc.
Danese, A., Pariante, C. M., Caspi, A., Taylor, A., & Poulton, R. (2007): Childhood maltreatment predicts adult inflammation in a life-course study. Proc Natl Acad Sci U S A, 104(4), 1319-1324. doi: 10.1073/pnas.0610362104
Engel, G.L. (1977): The need for a new medical model: a challenge for biomedicine. Science. 196(4286): p. 129-36
Fagundes, C. P., Glaser, R., & Kiecolt-Glaser, J. K. (2013). Stressful early life experiences and immune dysregulation across the lifespan. Brain Behav Immun, 27(1), 8-12. doi: 10.1016/j.bbi.2012.06.014
Felitti, V. J., et. al. (1998). Relationship of childhood abuse and household dysfunction to many of the leading causes of death in adults. The Adverse Childhood Experiences (ACE) Study. Am J Prev Med, 14(4), 245-258
Sachsse, U. (2003): Was hat die Psychotherapie von der modernen Hirnforschung?, in Psyche & Soma. Geheimnisvolles Zusammenspiel von Körper und Seele., M. Jürgen-H., Editor. AXEPT Verlag Psychiatrie Psychotherapie: Königslutter. p. 22-44
Schubert, C. (1011): Soziopsychoneuroimmunologie - Integration von Dynamik und subjektiver Bedeutung in die Psychoneuroimmunologie, in Psychoneuroimmunologie und Psychotherapie, C. Schubert, Schattauer: Stuttgart. p. 374-405
Schubert, C. (Im Druck): Bewusstwerdung als Heilung - die Wirkung künstlerischen Tuns auf das Immunsystem. In F. von Spreti (Ed.): Kunsttherapie. Stuttgart: Schattauer
Shonkoff, J. P., & Garner, A. S. (2011): The Lifelong Effects of Early Childhood Adversity and Toxic Stress. Pediatrics
Trickett, P.K. et. al. (2011): The impact of sexual abuse on female development: Lessons from a multigenerational, longitudinal research study. Development and psychopathology. 23(2): p. 453-476

gehírn und seele

Christian Schubert
Univ.-Prof. Dr. Dr, Leiter der Arbeitsgruppe für Psychoneuroimmunologie des Deutschen Kollegiums für Psychosomatische Medizin (DKPM); seit 2013: Vorstandsmitglied der Akademie für Integrierte Medizin (AIM)

KLAUS GRAWE

Klaus Grawe
Neuropsychotherapie

Der Psychologe Klaus Grawe hat die Ergebnisse der Psychotherapieforschung mit den vorliegenden Befunden der Neurowissenschaften abgeglichen und daraus 12 Leitlinien für die Therapiepraxis abgeleitet (ausführlich dargestellt in Grawe, Neuropsychotherapie, Hogrefe, 2004, S. 435 ff.)

1. Frage dich während einer Therapiesitzung immer wieder, welche impliziten Wahrnehmungen der Patient im Moment macht. Welche Bedeutung hat das, was gerade geschieht, für seine motivationalen Ziele und für seine Grundbedürfnisse?

2. Überlege nicht nur jeweils, was du sagst und tust, sondern überlege und gestalte sorgfältig, wie du es sagst und tust.

3. Denke immer daran, dass in der Therapie das Bindungsbedürfnis des Patienten aktiviert ist, dass der Patient in jedem Moment der Therapie Wahrnehmungen im Hinblick auf sein Bindungsbedürfnis macht und dass es entscheidend darauf ankommt, dass er in der Beziehung zu dir positive Bindungserfahrungen macht.

4. Lass den Patienten in jeder Therapiesitzung möglichst viele positive Wahrnehmungen für sein Bedürfnis nach Orientierung und Kontrolle machen. Gestalte jede Therapiesitzung so transparent wie möglich.

5. Stelle aktiv Situationen her und ergreife jede sich bietende Gelegenheit, den Patienten selbstwerterhöhende Wahrnehmungen machen zu lassen.

6. Nutze alle Gelegenheiten, die sich bieten, dass der Patient in der Therapiesitzung auch angenehme Zustände erleben kann, wie gemeinsam über etwas zu lachen, einen Erfolg auszukosten usw.

7. Gib jeder Therapiesitzung einen klaren Fokus. Es kann auch mehr als einer sein, aber bleib längere Zeit bei der Bearbeitung eines Problems, wenn du damit begonnen hast.

8. Wann immer du ein Problem, das von Relevanz für die Therapieziele ist, anschneidest, aktivierst, bearbeitest, treibe das Geschehen voran zu einem Veränderungsschritt.

9. Bereite jede Aktivierung und Bearbeitung eines Problems durch ein Annäherungspriming vor. Bring den Patienten durch Herbeiführung bedürfnisbefriedigender Erfahrungen und durch die Aktivierung positiver Ziele und Emotionen zunächst in einen Annäherungsmodus.

10. Sorge dafür, dass unmittelbar vor und bei jeder problembearbeitenden Intervention das motivationale Ziel aktiviert ist, dessen besserer Realisierung diese Intervention letztlich dienen soll.

11. Lass es nie bei den Bahnungen innerhalb der Therapiesitzungen bewenden. Sorge auf jede mögliche Art dafür, dass die neu zu lernenden neuronalen Erregungsmuster auch unter den Bedingungen der konkreten Lebensrealität des Patienten aktiviert und gebahnt werden.

12. Beharre nicht auf Therapiezielen, für die der Patient sich nicht wirklich einsetzt, und führe keine Interventionen durch, für die der Patient nicht wirklich erkennbar motiviert ist.

Angst – Die Wirkung auf das Gehirn – und die Seele

Hinderk M. Emrich

Einleitung

Von der Warte unserer menschlichen Selbstbeobachtung aus stehen Seele und Gehirn in einem grundsätzlichen Spannungsverhältnis zueinander, denn die beiden Dimensionen scheinen einander wechselseitig auszuschließen. Mit René Descartes lässt sich formulieren: Geist und Gehirn, Seele und Gehirn stehen, von der gedanklichen Kategorienbildung her, in einem wechselseitigen Ausschließungsverhältnis. Denn Psyche und Denken erscheinen uns als immateriell, Gehirne dagegen haben einen „gegenständlichen" Charakter. Sie sind in erster Linie Organe im lebenden Organismus neben anderen Organen wie Leber, Niere, Haut und Knochen. D. h.: Gehirne, über die wir etwas wissen können, erscheinen uns als lebendige Forschungsgegenstände, die wir naturwissenschaftlich – rein „biologisch" – anschauen können.

Gehirne sind aber gleichzeitig auch Quellen der „empirischen Bedingungen der Möglichkeiten von Erfahrungen" im Sinne von Immanuel Kant, und insofern ist es außerordentlich interessant, anhand des großen psychologisch-psychiatrisch-psychotherapeutischen Themas des Phänomens „Angst" der Frage nachzugehen, in welcher – die beiden Aspekte gewissermaßen zusammenführenden – Weise Angstzustände sowohl auf die Psyche als auch auf Gehirne einwirken, ja in gewissem Sinne sogar von diesen überhaupt erst erzeugt werden.

Im Rahmen einer solchen integrativen Betrachtungsweise stellt sich heraus, dass die „seelischen Wirklichkeiten" weder allein im Gehirn noch in den Außenwelten entstehen und manifest werden, sondern gewissermaßen im „Zwischen", zwischen dem psychosozialen „Außen" und dem Gehirn.

Was heißt Angst?

Wenn wir uns die Frage stellen, wie wirkt Angst auf das Gehirn und wie auf die Seele, dann können wir zu neuen Ansätzen hinsichtlich des Grundverständnisses unseres psychischen Lebens gelangen. Dieses wird, wie wir dies insbesondere in der Psychiatrie eindrucksvoll nachweisen und erleben können, sehr stark von neuropsychologisch-konstitutionellen Faktoren bestimmt, andererseits ist aber das psychische Leben und Erleben extrem stark von psychosozialen, also gewissermaßen nicht rein „Hirn-immanenten" Gegebenheiten bestimmt.

Die zentrale Bedeutung der Angst für unser Leben wird so treffend von dem Filmemacher R. W. Fassbinder in seinem Filmtitel formuliert: „Angst essen Seele auf" (1974). Angst scheint mit Ausnahmezuständen des psychischen Geschehens einherzugehen, die eine Bedrohung darstellen: für kognitiv-emotionale Kohärenz, die Einheit des Bewusstseins und die Etablierung sinnvollen kognitiven Handelns. Seelische Erschütterungen durch schwere angstauslösende Traumatisierungen sind tiefgreifend und führen zu seelischen Ausnahmesituationen, ja dissoziativen Zuständen; sie führen – bis hin zum „Ich"-Zerfall – zu Bewusstseinsstörungen und regelrechten Fragmentierungen der Psyche, die das Subjekt zu „Bruchstück-Wesen" werden lassen. Eine dramatische Formulierung in dieser Hinsicht stammt von Ingeborg Bachmann, die in ihrem großen Spätwerk *Todesarten* (WA, Bd. 3, S. 406) formuliert:

Die Angst ist kein Geheimnis, kein Terminus, kein Existenzial, nichts Höheres, kein Begriff. Gott bewahre, nicht systematisierbar. Die Angst ist nicht disputierbar, sie ist der Überfall, sie ist der Terror, der massive Angriff auf das Leben. Das Fallbeil, zu dem man unterwegs ist, in einem Karren, zu seinem Henker, angeblickt von einer verständnislosen Umgebung, einem Publikum, und mein Publikum war mein Mörder.

Und eine analoge Formulierung stammt von Rainer Maria Rilke in seinem Roman *Malte Laurids Brigge (1910)*:

Die Existenz des Entsetzlichen in jedem Bestandteil der Luft. Du atmest es ein mit Durchsichtigem; in dir aber schlägt es sich nieder, wird hart, nimmt spitze, geometrische Formen an zwischen den Organen; denn alles, was sich an Qual und Grauen begeben hat auf den Richtplätzen, in den Folterstuben, den Tollhäusern, den Operationssälen, unter den Brückenbögen im Nachherbst: Alles das ist von einer zähen Unvergänglichkeit, alles das besteht auf sich und hängt, eifersüchtig auf alles Seiende, an seiner schrecklichen Wirklichkeit. Die Menschen möchten vieles davon vergessen dürfen; ihr Schlaf feilt sanft über solche Furchen im Gehirn, aber Träume drängen ihn ab und ziehen die Zeichnungen nach. Und sie wachen auf und keuchen und lassen einer Kerze Schein sich auflösen in der Finsternis und trinken, wie gezuckertes Wasser, die halbhelle Beruhigung.

In diesem Sinne lässt sich sagen: Seelisch führt Angst zu einer Störung der Wirklichkeits-Konstitution, bis hin zum Extrem des Wirklichkeits-Zerfalls. Andererseits führt Angst neurobiologisch zur Störung innerer Kohärenzbildungen, insbesondere im Bereich der limbischen Strukturen, insbesondere im Bereich des Temporallappens.

Die Bedeutung von Angst liegt allerdings nicht allein in ihrer destruktiven Wirkung auf psychische Stabilität und das Erlernen von sinnvollem Vermeidungsverhalten, es geht vielmehr – im Gegenzug – auch um die Erschließung von Möglichkeiten, Freiräume zu erschließen: Wer keine Angst kennt, kennt auch nicht die Alternative zum Gelingen, nämlich das Scheitern, und damit das – vor sich selbst und vor anderen – Nicht-bestehen-Können. So zeigt der Philosoph Sören Kierkegaard in seinem Buch *Der Begriff Angst,* dass sich das, was er die „Möglichkeit der Wirklichkeit der Freiheit" nennt, daraus heraus gestaltet, dass Angst die „Alternativräume" eröffnet, die wir benötigen, um freiheitlich handeln zu können oder aber auch dies zu verweigern. So wird auch verständlich, inwiefern die Disposition „Angst" sich auch als archetypisch charakterisieren lässt: sowohl als angeborene Konstitution als auch seelische Universalie.

Resonanzen in Psyche und Gehirn

Die komplexen neurobiologischen Funktionen im Gehirn ermöglichen die Entstehung von Wahrnehmung, Kognition, Emotion, Gedächtnis und eine Fülle von hiermit einhergehenden Wechselwirkungsleistungen, die es ermöglichen, „Situationen" zu konstituieren, diese in ihrem atmosphärischen Gehalt zu manifestieren, zu detektieren und zu charakterisieren.

Diese neuronalen Leistungen werden – im Hinblick auf die sog. „Kognitions/Wahrnehmungs-Emotionskopplung" – im limbischen System generiert, Phänomene, deren Grundprinzip von den Neuropsychologen Gray und Rawlins vor über 20 Jahren beschrieben wurden. Hierbei handelt es sich um „neurobiologische Reaktionsbildungen" auf psychosozial beunruhigende Vorgänge im konkreten Alltagsleben. Es kommt hier zu „Resonanzen", die sich sowohl auf das psychische Wechselspiel zwischen Subjekt und Umgebung als auch auf das neuronale Wechselspiel zwischen verschiedenen neuronalen „Assemblies" beziehen, die in ihrem Interaktionsverhältnis die Wahrnehmungs-, Emotions- und Kognitionswirklichkeit gewissermaßen „aushandeln".

Insofern lässt sich sagen: Angst manifestiert sich weder allein im Gehirn noch allein im psychosozialen Raum, sondern sie gehört der

Welt des „Zwischen" an, die von dem Philosophen Michael Theunissen (in seinem Buch *Der Andere*) herausragend charakterisiert und dargestellt worden ist.

Archetypologische Aspekte

Die von C. G. Jung entwickelte Analytische Psychologie ist in der Lage, die kategoriale Widersprüchlichkeit der Dimensionen von seelischen Leistungen und neurobiologischen Prozessen zumindest abzuschwächen (vgl. z. B. auch den „Pauli-Jung"-Dialog). So sagt C. G. Jung in seinem Hauptwerk *Psychologische Typen*, Kapitel VIII „*Das Typenproblem in der modernen Philosophie*":

Das neuentstandene Gehirn oder Funktionssystem ist also ein altes, für ganz bestimmte Zwecke hergerichtetes Instrument, das nicht nur passiv apperzipiert, sondern auch aus sich heraus aktiv die Erfahrungen ordnet und zu gewissen Schlüssen oder Urteilen zwingt. Diese Anordnungen geschehen nun nicht etwa zufällig oder willkürlich, sondern sie folgen streng präformierten Bedingungen, die nicht als Anschauungsinhalte durch Erfahrung vermittelt werden, sondern Bedingungen der Anschauung a priori sind. Es sind Ideen ante rem, Formbedingungen, a priori gezogene Grundlinien, die dem Stoff der Erfahrung eine bestimmte Gestaltung anweisen, sodass man sie, wie sie auch PLATON aufgefasst hat, als „Bilder" denken kann, gewissermaßen als Schemata oder anererbte Funktionsmöglichkeiten, welche aber andere Möglichkeiten ausschließen oder zum mindesten in hohem Maße beschränken. Daher kommt es, dass selbst die freieste Geistesbetätigung, die Fantasie, nie ins Grenzenlose schweifen kann (obschon es der Dichter so empfinden mag), sondern gebunden bleibt an präformierte Möglichkeiten, an „Urbilder" oder „urtümliche Bilder".

Jung, GW 8, § 578

Kehren wir nun zu den Betrachtungen hinsichtlich Angst und Seele – Angst und Gehirn zurück, so lässt sich sagen: Das Spannende an den Ergebnissen der vorliegenden Überlegungen ist, dass das Jung'sche Archetypen-Konzept deutlich macht, dass es sich bei einem psychischen Phänomen wie der Angst in der Tiefe um zwei Seiten einer einzigen Medaille handelt, d. h. – im Gegensatz zu Descartes' kategorialen Bestimmungen sind die biologischen Angst-Konstituierungen und das seelische Angsterleben nicht einander ausschließende, sondern einander komplementär ergänzende Wirklichkeiten in einer Weise, die bereits der Psychologe Fahrenberg als „Komplementaritätsprinzip" beschrieben hat. Und so sagt ja auch Rainer Maria Rilke in *Malte Laurids Brigge (1910)*:

Die Menschen möchten vieles davon vergessen dürfen; ihr Schlaf feilt sanft über solche Furchen im Gehirn, aber Träume drängen ihn ab und ziehen die Zeichnungen nach.

Hinderk M. Emrich
Prof. em. Dr. med. Dr. phil., Hannover, Arzt und Professor für Neurologie und Psychiatrie/Klinische Pharmakologie, Psychotherapeut, Psychoanalytiker.
Wesentliche Forschungsgebiete: Psychopharmakologie, Wahrnehmungspsychologie und Systemtheorie von Psychosen, Synästhesie.
Zusätzliche wissenschaftliche Interessen: analytische Philosophie des Geistes, Psychoanalyse nach C. G. Jung, Medientheorie, Tiefenpsychologie des Films.

gehirn und seele

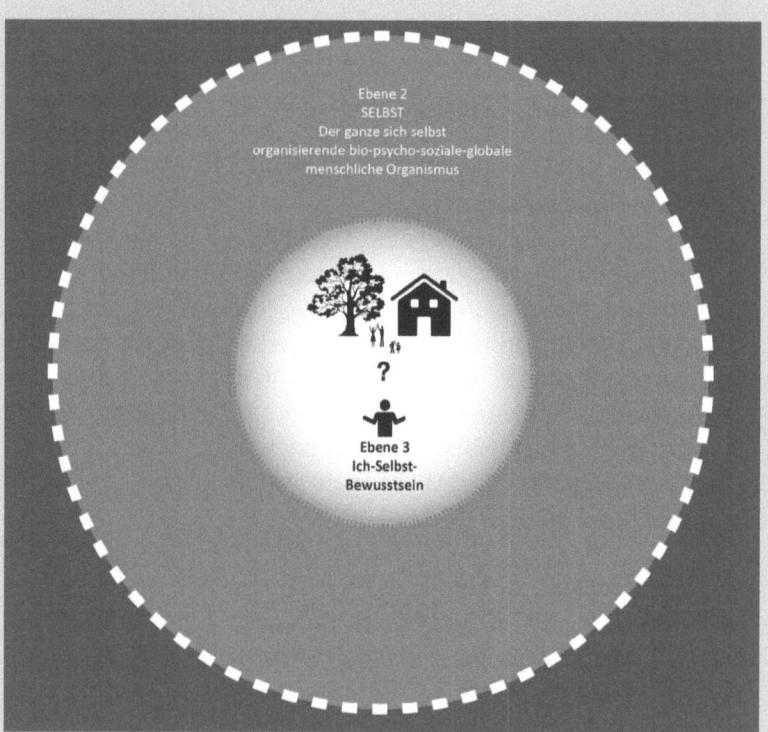

Das SELBST-Modell der Analytischen Psychologie

Da in der Psychologie und den Neurowissenschaften die Begriffe des Selbst uneinheitlich verwendet werden, seien die Unterschiede an einer Grafik veranschaulicht.

Ebene 1: Der dunkelgraue Hintergrund der Abbildung bezeichnet das absolute Sein, die Welt, das Universum, das „allesumfassende Eine", das in seiner Eigenart prinzipiell unerkennbar bleibt.

Ebene 2: Der mittelgraue Kreis stellt das SELBST im Sinne der Analytischen Psychologie dar. Das ist „das System Mensch", die Ganzheit des sich selbst organisierenden bio-psycho-sozialen Organismus, der in enger Wechselwirkung und in ständigem Austausch mit Ebene 1 steht. Auch das SELBST ist in seinem ganzen Wesen und Umfang unerkennbar, es ist nur an dessen Wirkungen (z. B. Körperempfindungen, Gefühlen, Sinneswahrnehmungen, Bedürfnissen, Denkprozessen, Identitätserleben, Symbolen) zu erleben, die erst auf Ebene 3 zugänglich werden.

Ebene 3: Der hellgraue Kreis in der Mitte. Der menschliche Organismus erzeugt durch die neuropsychischen Prozesse eine mehr oder weniger bewusste Repräsentation, eine Vorstellung, ein Modell von der Welt, ihrer Objekte und sich selbst. Dies ist der Bereich, auf den Philosophie und akademische Psychologie sich oft beziehen und dafür Begriffe verwenden wie Ich/Ego/Selbst, Selbst-Bild, Selbst-Modell, Selbst-Bewusstsein, Selbst-Erleben oder Selbst-Steuerung und dabei oft nur die Aspekte meinen, die dem bewussten Erleben zugänglich sind oder sich auf das Gehirn beziehen. Nach Auffassung der Analytischen Psychologie muss in einer Therapie aber immer das ganze SELBST (Ebene 2) gesehen und berücksichtigt werden.

Ebene 4: Das Fragezeichen in der Mitte deutet die Fähigkeit des Menschen zur bewussten Selbstreflektion an, wodurch zum einen der psychische, symbolische und virtuelle Charakter des Selbst-Erlebens erkannt und zum anderen die Beziehung zum ganzen SELBST erahnt werden kann. An der Einsicht in diese Zusammenhänge und deren Konsequenzen für die Entwicklung des Menschen arbeitet die Tiefenpsychologie seit mehr als 100 Jahren, sie findet in den letzten Jahrzehnten Unterstützung durch die neurowissenschaftliche Forschung.

Die Dynamik des Selbst

Neuronale Grundlagen und Konsequenzen für die Psychotherapie

Günter Schiepek

Die mentalen Leistungen eines „Selbst" sind grundlegende Systemfunktionen unserer Psyche. Sie beruhen auf einem erweiterten Bewusstsein, das wir über unsere eigene Existenz und Identität haben. Im Folgenden werden wir auf einige neurobiologische Grundlagen der entsprechenden Bewusstseinsfunktionen und eines kohärenten Selbst eingehen, um dann zu möglichen innovativen Konsequenzen für die psychotherapeutische Praxis zu kommen.

Neuronale Grundlagen des Bewusstseins

Bewusstsein ist nicht gleich Bewusstsein, d. h. es handelt sich nicht um einen einheitlichen Zustand. Meist wird ein modularer Aufbau postuliert, der verschiedene Aspekte umfasst:

(1) basale Vigilanz und Wachheit;

(2) Wahrnehmung von Vorgängen in der Umwelt und im eigenen Körper;

(3) mentale Zustände und Tätigkeiten wie Denken, Vorstellen und Erinnern;

(4) Emotionen, Affekte und Bedürfniszustände;

(5) Erleben der eigenen Identität und Kontinuität;

(6) „Meinigkeit" des eigenen Körpers;

(7) Autorenschaft und Kontrolle der eigenen Handlungen und mentalen Akte;

(8) Orientierung des Selbst und des Körpers in Raum und Zeit;

(9) Realitätscharakter von Erlebtem und Unterscheidung zwischen Realität und Fantasie (vgl. z. B. Roth, 2001, S. 193).

Damasio (2001) geht von verschiedenen Stufen des Bewusstseins aus, die er in direktem Zusammenhang mit den Stufen des „Selbst" sieht.

Er beginnt mit einem noch unbewussten Proto-Selbst. Es beinhaltet wechselseitig verbundene, vorübergehend koordinierte neuronale Muster, welche die Zustände des Organismus auf verschiedenen Ebenen des Gehirns repräsentieren.

Die nächste Stufe, das Kern-Selbst, ist bewusstseinsfähig, aber vorsprachlich. Es repräsentiert die Veränderungen unseres Organismus (im Körper, im Verhalten, in der Wahrnehmung und im Denken) in Bezug auf innere und äußere „Objekte", ist somit raum-zeitlich fokussiert und flüchtig. Es beruht auf Schleifen der Selbstrepräsentation (sog. „Karten zweiter Ordnung"), in denen das Proto-Selbst in Veränderung „abgebildet" wird.

Permanente Aufzeichnungen von Kernselbst-Erfahrungen gehen in das autobiografische Selbst ein. Sie werden im autobiografischen Gedächtnis prozessiert und konsolidiert, können als neuronale Muster aktiviert, in explizite Vorstellungen verwandelt und durch weitere Erfahrungen modifiziert werden.

In dieser erweiterten Form liegt das Bewusstsein der Repräsentation eines Selbst zugrunde, denn es ermöglicht jene geistigen Vorgänge, bei denen wir uns als Beobachter und Erkennende der beobachteten Dinge erleben, als Autoren unserer Gedanken, als potenzielle Handlungsträger der Szene.

Die individuelle Perspektive, die „Meinigkeit" und Autorenschaft unseres Denkens, Fühlens und Handelns werden durch das Kernbewusstsein ermöglicht, die zeitliche Kontinuität durch unser autobiografisches Selbst (vgl. Damasio, 2001).

Bewusstsein in einfacher und erweiterter Form beruht auf verschiedenen rekursiven Schleifen. Eine Schleife verbindet die basalen Prozesse der Lebensregulation im Hirnstamm und im Hypothalamus mit der Erzeugung von Vorstellungen. Damit entsteht erhebliche Flexibilität, denn wir können unsere Vorstellungen variieren und uns daran ausrichten.

Andere Schleifen verbinden unseren Organismus mit inneren Repräsentationen seiner Zustände, d. h. sie erzeugen Karten des Körpers im Gehirn, und diese wiederum mit den inneren und äußeren Objekten, die Veränderungen auslösen und auf die wir unsererseits einwirken.

Wir produzieren Gefühle, also Repräsentationen von Emotionen, und Gefühle über Gefühle (sekundäre Emotionen). Wir verfügen also über umfangreiche Möglichkeiten für Meta-Repräsentationen von Informationsverarbeitungsprozessen: Das Gehirn modelliert sein eigenes Funktionieren.

Die strukturellen und funktionellen Voraussetzungen für solche Schleifen und rekursiv aufeinander bezogenen Repräsentationen bezeichnen Edelman und Tononi (2002) als Re-Entry. In ihrer Vorstellung handelt es sich dabei um die komplexeste Stufe der Funktionskoordination und -selektion neuronaler Netze.

In einer ersten Stufe erfolgt eine „Entwicklungsselektion" der Neuronen, z.B. durch Zellteilung, Zelltod, Dendriten- und Synapsenwachstum, was zu dynamischen Verbindungen zwischen Neuronengruppen (cell assemblies) führt. In der zweiten Stufe der „Erfahrungsselektion" erfolgt eine erfahrungs- und lernabhängige Veränderung von Synapsenstärken und zellulären Aktionsbereitschaften.

Beim „Re-Entry" schließlich werden Hirnkarten über reziproke Verknüpfungen zeitlich und räumlich koordiniert, sensorische und motorische Ereignisse integriert und zu Schaltkreisen verbunden. Daraus resultieren Repräsentationen und Meta-Repräsentation. Es handelt sich um multipel parallel vernetzte und hierarchisch integrierte Systeme, die ihre Selbstorganisationsdynamik aufeinander beziehen und Synchronisationsmuster über weit verzweigte Hirnareale erzeugen.

Erstmals beschrieben wurde diese Form der Rückkopplung im Zusammenhang mit dem Re-Afferenz-Prinzip, d.h. der Nutzung der „Aktivitätskopie" einer geplanten Handlung im Abgleich mit dem laufenden Handlungsvollzug zu Zwecken einer mitlaufenden Handlungskontrolle und Kontextbeurteilung (z. B. eigener Bewegungen in Relation zu Veränderungen der Umwelt).

Das Gehirn nutzt das systemische Prinzip des Re-Entry in vielfacher Weise. Stellt man es sich in hierarchisch organisierten Ebenen und als komplexe, aufeinander bezogene Abbildungen neuronaler Zustände in ihr eigenes rekursives Prozessieren vor, so kann man darin einen zentralen Mechanismus höherer Gehirnleistungen wie Selbstbewusstsein und Mentalisierung vermuten.

Auf der Basis dieser komplexen Ordnerdynamik wird Bewusstsein als Prozess erfahrbar. Es integriert unterschiedliche Erfahrungsfacetten zu einer Einheit, zu einem dynamischen Kerngefüge, welches aus dem Blickwinkel der eigenen Person erlebt wird und somit die Qualität der Privatheit, der „Meinigkeit" erhält.

Bewusstseinszustände werden in der Regel kohärent und als Einheit erlebt; sie schließen einander aus, sind dabei hoch differenziert und informationsdicht. Ein Switchen zwischen Bewusstseinszuständen ist flexibel und sehr schnell möglich (Dynamik am Rande der Instabilität), wobei wir in jedem Zustand sowohl „eingetaucht" sind als auch eine Metaperspektive, eine Prozessbeobachtung und -bewertung vornehmen können. Bewusstseinszustände reduzieren Unsicherheit und Unbestimmtheit, wie Ordner die Freiheitsgrade der Teile reduzieren (Haken & Schiepek, 2010). Selektionsprozesse (Entscheidungen) zwischen Bewusstseinsprozessen sind kontextabhängig (Assoziationsnetzwerke) und emotions- bzw. motivationsgetriggert.

Neuronale Kohärenz und die Emergenz des „Selbst"

Unser Gehirn produziert offenbar eine Konstruktion, durch die wir uns als Initiatoren und Autoren von Handlungen erleben können, durch die wir ein Bild von uns selbst haben, und durch die wir uns als kohärent und eins mit uns selbst erfahren.

Das Selbst könnte man im Sinne der Synergetik als einen dynamischen Ordner auf hoher Integrationsstufe bezeichnen, als eine Meta-Repräsentation, mit der sich ein vielfach parallel und hierarchisch funktionierendes Gehirn ein Bild seines Funktionierens-in-der-Welt und eines Aktionszentrums erschafft.

Weil es dies so perfekt macht, dachten die Menschen lange, es müsse einen kleinen Homunkulus in uns geben, der uns steuert und die Fäden in der Hand hält. Doch den gibt es nicht, ebenso wenig wie es eine Steuerungszentrale im Gehirn gibt (vgl. Singer, 2011).

Das Entstehen eines Bewusstseins des Selbst setzt voraus, dass im Gehirn kohärente und konvergente Strukturen arbeiten, innerhalb derer neuronale Aktivierungsmuster aufeinander „abgebildet" werden. Werden die daran beteiligten Schaltkreise unterbrochen, etwa aufgrund von Gehirnläsionen oder Traumatisierungen, so kommt es nicht nur zu spezifischen Ausfällen, sondern auch zu Entkopplungen, die sowohl einzelne Funktionen wie auch das Bewusstsein und das Bewusstsein unserer Identität betreffen.

Das Selbst und die Erfahrung von Kohärenz und Identität sind ein Produkt der Selbstorganisation unseres gesamten Gehirns. Verschiedene neuronale Systeme erfüllen verschiedene Funktionen (z.B. visuelle und auditorische Kortexareale), aber sie gehören zum selben Gehirn und erfahren dieselbe Welt. Die koordinierte parallele Plastizität von Hirnsystemen beruht unter anderem auf dem gemeinsamen Input dieser Systeme.

Synchronisation wird über weite Entfernungen hinweg durch synaptische Verschaltungen und durch synchrones Feuern erreicht. Viele komplexere Funktionen wie Wahrnehmung, Gedächtnis, Motivation und Emotion beruhen auf räumlich verteilten, aber kooperierenden Hirnregionen. Durch synchrones Feuern (etwa im Gamma-Band-Bereich) entstehen intra- und intermodale Merkmalsbindungen und kohärente Gesamteindrücke.

Die parallel wirkende Plastizität verschiedener Hirnregionen wird durch modulatorische Systeme koordiniert. Eine wesentliche Rolle spielen hierbei Kerne im Hirnstamm, von denen Axone in fast alle Hirnregionen laufen und bestimmte Neuromodulatoren, vor allem Monoamine wie Dopamin, Serotonin, Norepinephrin, Epinephrin oder Acetylcholin ausschütten. Neuromodulatoren greifen in die Signalübertragung zwischen Neuronen ein und modulieren vor allem solche Zellen und Synapsen, die bereits aktiv sind, wenn sie eintreffen.

Modulatorische Systeme werden bei bedeutsamen Erfahrungen und verstärktem Arousal mobilisiert. Sie fördern damit selektiv die Informationsübertragung in denjenigen Synapsen, die eben diese Erfahrungen gerade verarbeiten. Wie wir wissen, verstärkt sich die Gedächtnisleistung bei emotional relevanten Erfahrungen. Das hieran beteiligte Norepinephrin fördert die Langzeitpotenzierung von Neuronen. Wenn an den Synapsen hinreichend Serotonin oder Norepinephrin vorhanden ist, kommen molekulare Kaskaden in Gang, die die synaptische Plastizität fördern. Neuromodulatoren sind nach Freisetzung relativ lange wirksam und beeinflussen unterschiedliche Neuronen auf unterschiedliche Weise (z. B. wirkt Serotonin in Kombination mit bestimmten Rezeptoren exzitatorisch, in Kombination mit anderen inhibitorisch). Aufgrund ihrer breit gestreuten Aktivität ist die Wahrscheinlichkeit groß, dass sie diejenigen aktiven Synapsen verschiedener Verarbeitungssysteme erreichen, in denen unterschiedliche Aspekte einer Erfahrung gerade prozessiert und kodiert werden.

Die parallele Plastizität einzelner neuronaler Systeme wird in Konvergenzzonen aufeinander abgestimmt. In neuronalen Konvergenzzonen laufen Informationen aus verschiedenen Regionen zusammen und werden miteinander integriert. Beispielsweise finden sich solche Konvergenzzonen im präfrontalen Kortex oder im anterioren cingulären Kortex. Aktivitäten der visuellen, der auditorischen, der somatischen und motorischen Verarbeitung werden unter anderem in perirhinalen, insulären, parahippocampalen und entorhinalen Bereichen integriert und von dort aus in den Hippocampus weitergeleitet. Spezifische sensorische Repräsentationen werden hier zu multimodalen und zu konzeptuellen Repräsentationen. Der am Aufbau expliziter Langzeiterinnerungen und an der Generierung komplexer relationaler Zusammenhänge beteiligte Hippocampus ist somit eine Art Meta-Konvergenzzone. Wenn es in einzelnen Regionen zu Neuverschaltungen kommt, dann auch in den Integrationsarealen, weil diese die Aktivitäten registrieren, die in den einzelnen Regionen auftreten. Synchrone Aktivierungen und der Einfluss von Neuromodulatoren wirken auch auf diese Konvergenzzonen und steigern deren Integrationsleistung. Eine Veränderung neuronaler Muster in Konvergenzzonen wirkt auf die dorthin projizierenden Systeme zurück. Die Entstehung von Ordnern in hierarchisch höheren Systemen hat Einfluss auf die Selbstorganisationsprozesse, die in den untergeordneten Systemen stattfinden.

Eine wesentliche Meta-Konvergenzzone sind die Gedächtnisareale im medialen Temporallappen. Sie können bewusste Erinnerungen erzeugen, in welche die von anderen Systemen gesondert und implizit codierten Elemente integriert sind. Das aktuelle Bewusstsein kann allerdings auf die Konstruktionsleistungen des medialen Temporallappens nur zugreifen, wenn diese ins Arbeitsgedächtnis gelangen. In diesem präfrontalen Funktionssystem findet sozusagen unsere momentane Wirklichkeit, der subjektive Augenblick statt. Die Objekte unserer Erfahrung und unser Selbst-Sinn werden darin aufeinander bezogen.

LeDoux (2003) spricht davon, dass im Arbeitsgedächtnis ein Arbeits-Selbst entsteht, ein Augenblicksgebilde, das für die simultane Verarbeitung aller möglichen Erfahrungen, die Entscheidungsfindung und Verhaltenssteuerung wesentlich ist. Neben einem kognitiven kann man auch von einem emotionalen Arbeitsgedächtnis ausgehen, das unter anderem im ventromedialen Bereich des präfrontalen Kortex zu verorten ist. In diesem emotionalen Arbeitsgedächtnis werden emotionale Qualitäten, Vorstellungen und Antizipationen verfügbar gemacht und aufrecht erhalten, und zwar auch in Abwesenheit von aktuellen emotionsauslösenden Ereignissen, was z.B. Voraussetzung für die Antizipation von zukünftigen Entscheidungskonsequenzen ist. Die dorsolaterale Region des präfrontalen Kortex ermöglicht in Ergänzung hierzu eine Repräsentation von Zielzuständen, auf welche Emotionen und Motivationen sowie die daraus resultierenden Aktionen gerichtet sind.

Bedeutung von Emotionen

Eine entscheidende Rolle bei der Koordination neuronaler Systeme spielen die Emotionen. Einerseits ist Kopplung der wesentliche Lernmechanismus von emotionalen Systemen: Bei der klassischen Konditionierung etwa koppeln sich Erfahrungen und Eindrücke aneinander. Die dadurch entstehenden Strukturveränderungen bilden die Voraussetzungen für weitere emotionale Lernerfahrungen.

Emotionale Reize sind andererseits die wichtigsten Impulsgeber für die modulatorischen Systeme im Hirnstamm. Von dort wird auch unser gesamtorganismisches Aktivierungs- und Energieniveau geregelt.

Die Amygdalae, welche bei Gefahrensituationen aktiv werden, haben unmittelbare Einwirkungen auf diese Hirnstammareale (Umschaltung von parasymathische auf sympathische Aktivität, Neuromodulatorenwirkung auf das gesamte Gehirn).

Zudem haben sie Wirkung auf die Ausschüttung verschiedener Hormone (z.B. Adrenalin und Noradrenalin über Hypothalamus und die Stress-Achse), auf die Aktivität des benachbarten Hippocampus (Memorierung gefahrenrelevanter Situationen) und auf verschiedenste Areale des Kortex (z.B. Motorik, Aufmerksamkeit).

Emotionale Systeme und Motivzustände, die für überlebenswichtige Funktionen zuständig sind (Erkennen und Abwehr von Gefahren, Sexualverhalten, Nahrungsbeschaffung), weisen eine deutliche Ausschließlichkeit auf. Sie hemmen sich gegenseitig und tendieren dazu, viele Funktionssysteme des gesamten Gehirns zu synchronisieren. Die Mobilisierung von Emotionen konzentriert umfangreiche kognitive und energetische Ressourcen. In stark emotionalen Zuständen sind in der Regel mehr Hirnsysteme aktiviert als in affektneutraleren bzw. weniger stark emotionsgeladenen Zuständen. Das Arousal ist höher, womit koordiniertes Lernen zwischen verschiedenen Hirnsystemen erleichtert wird. „Emotionale Zustände fördern die Entwicklung und Vereinheitlichung des Selbst, weil sie parallele plastische Vorgänge im gesamten Gehirn aufeinander abstimmen" (LeDoux, 2003, S. 422).

Ähnlich wie Emotionen haben auch Motive einen stark synchronisationsfördernden Effekt. Motivation bedeutet, dass angeborene oder erlernte Anreize Emotionssysteme aktivieren und das Gehirn in einen Zustand versetzen, der mit hoher Wahrscheinlichkeit zu einem instrumentellen Verhalten im Sinne der Zielerreichung bzw. des Anreizes führt (vgl. LeDoux, 2003, S. 317).

Speziell sind dopaminerge Systeme, die durch Arousal in der ventral-tegmentalen Region des Hirnstamms getriggert werden, am Motivationssystem beteiligt, d. h. an der antizipatorischen Phase einer motivorientierten Handlung. Die positiven Gefühle der Wunscherreichung (konsumatorische Phase) werden dagegen eher von körpereigenen Opiaten vermittelt.

An zentraler Stelle dopaminerger motivationaler Schaltkreise ist der Nucleus accumbens positioniert. An der Schnittstelle zwischen Emotion und Motorik kommt dieser Region eine wichtige Rolle zu, wenn es darum geht, Emotionen auf zielorientiertes Verhalten hin zu orientieren und in solches zu transformieren. Motivzustände führen zu intensivierter Koordination von Informationsverarbeitungsprozessen innerhalb und zwischen Hirnregionen, mobilisieren Verhalten und richten es auf die Erreichung oder Vermeidung bestimmter Erfahrungen aus. Treten innere oder äußere Anreize auf, haben emotionale Strukturen wie die Amygdala eine verstärkte Wirkung auf die Mobilisierung und Lenkung von Verhaltensweisen, da sowohl der Nucleus accumbens wie auch das Pallidum durch einen erhöhten Dopaminspiegel sensibilisiert und besonders aktionsbereit sind.

Der kontinuierlich mitlaufende Selbstbezug unserer Psyche (selbst-bezogene Informationsverarbeitung) involviert ganz entscheidend die kortikalen Mittellinien-Strukturen des Gehirns. Hierzu gehören der mediale orbitofrontale Kortex, der ventromediale präfrontale Kortex, der prägenuale und supragenuale anteriore sowie der posteriore cinguläre Kortex und der mediale parietale Kortex.

In diesen Regionen findet sich eine erhöhte Aktivität, wenn Bezüge zu eigenen – vor allem emotional relevanten – Themen, Aktivitäten, Erfahrungen oder Bezugspersonen hergestellt werden, also auch bei Prozessen von Selbstthematisierung, Selbsterfahrung oder Selbstreflexion. Interessanterweise sind diese Mittellinien-Strukturen auch jene, die der default mode, also der „Ruhezustand" unseres Gehirns rekrutiert.

Man muss sich diesen Ruhezustand nicht als Stillstand oder reduzierte Aktivität, sondern als selbstreferenzielle Schleife neuronaler Selbststimulation vorstellen, geprägt von Gedankenwandern, ungerichteten Assoziationen, Tagträumen und ähnlichem.

Unser Selbst wird in entscheidender Weise von der Möglichkeit zusammengehalten, ein autobiografisches Gedächtnis anzulegen. Jede einzelne Erfahrung und jeder Puls des Kernbewusstseins wird damit in persönliche und individuell-historische Bezüge eingebaut. Es entsteht eine

... Brücke zwischen dem fortlaufenden Prozess des Kernbewusstseins, das in seiner Vergänglichkeit wie Sisyphus zum ewigen Neuanfang verdammt ist, und einem stetig anwachsenden Komplex von fest verwurzelten Erinnerungen an singuläre historische Fakten und dauerhafte Merkmale des Individuums.

(Damasio, 2001, S. 210)

Diese Brücke ist auch der Schlüssel zum erweiterten Bewusstsein, wenn das Arbeitsgedächtnis gleichzeitig ein bestimmtes repräsentiertes Objekt und das autobiografische Selbst

gehirn und seele

aktiv hält, mit anderen Worten, wenn sowohl ein bestimmtes Objekt als auch die Objekte der eigenen Biografie gleichzeitig Kernbewusstsein erzeugen.

Das soziale oder reziproke Selbst

Die Erfahrung des „Selbst" ist somit ein aufwendig hergestelltes neuronales Konstrukt, das auf einer engen Koordination von kognitiven, emotionalen und motivationalen Prozessen sowie von implizit und explizit (bewusst) arbeitenden Systemen beruht.

Dabei ist dieses Konstrukt von Anfang an nur als bio-psychische Systemleistung eines sozial eingebetteten Organismus oder eines „embodied mind" zu verstehen, wobei der enge Bezug zwischen Individuum und sozialer Umwelt bzw. Mitwelt entscheidend ist. Stabile Bindungen und sensible, bedürfnisorientierte, achtsame reziproke Interaktionen sind nicht nur eine Voraussetzung für psycho-somatische Gesundheit, für die Entwicklung von Immunfunktionen verschiedener Art. sowie für die Stress- und Emotionsregulation, sondern auch für die Ausbildung eines sozial reziproken Selbst einschließlich verlässlicher Selbst- und Fremdwahrnehmung (vgl. Buchheim, 2011).

Basis sind hierfür Funktionen der Stressregulation über die HPA-Achse, welche bereits im Säuglingsalter darüber entscheiden können, ob eine dauerhaft effektive Stressregulation möglich wird oder nicht. Wie heute bekannt, greifen die Erfahrungen von bedrohter Bindung und emotionaler Unsicherheit nachhaltig in die Epigenetik der Stressregulation ein und verändern die Genexpression auf Dauer.

Emotionsregulation und Emotionswahrnehmung sind davon insofern betroffen, als Lern- und Differenzierungsprozesse zwischen präfrontalen (z.B. DLPFC) und frontalen (z.B. ACC) kortikalen Funktionen einerseits und Amygdala sowie hippocampalen Strukturen andererseits beeinträchtigt werden. Das Erleben ist dann oft von diffusen Spannungs- oder Bedrohungszuständen geprägt, anstatt von differenzierten und situationsadäquaten Emotionen. Darin ist nicht zuletzt eine Vulnerabilität für Depression, Persönlichkeitsstörungen, Essstörungen oder andere Problemmuster zu erkennen.

Sensible, achtsame und reziproke Interaktionen zwischen Kind und relevanten Bezugspersonen fördern und differenzieren das bereits genuin angelegte Funktionssystem der Spiegelneurone. Dieses Funktionssystem ist aktiv, wenn wir Handlungen anderer Lebewesen beobachten und in ihrer Bedeutung verstehen und einordnen wollen (vgl. Gallese et al., 2011).

Das Spielgelneuronensystem ermöglicht es uns, neuronale Zustände von beobachteten Personen und Interaktionspartnern gewissermaßen im eigenen Gehirn zu reproduzieren. Insbesondere sind daran das Broca-Areal, der primäre motorische Kortex, der untere parietale Kortex, der obere Temporallappen sowie Insula und ACC beteiligt. Nur bruchstückhaft wahrgenommene Handlungen oder Verhaltensabläufe können ergänzt und zu einem Gesamtbild vervollständigt werden, was wiederum die Grundlage dafür liefert, Intention und Bedeutung des Verhaltens von Interaktionspartnern zu verstehen. In Verbindung mit neuronalen Systemen der Handlungsvorbereitung benötigen wir dieses System nicht zuletzt, um eigenes Verhalten in Erwägung zu ziehen, zu reflektieren und zu planen.

Über Prozesse der sozialen Resonanz hinaus gehen jene kortiko-limbischen Funktionen, die wir unter dem Begriff der Theory of Mind zusammenfassen. Gemeint ist damit die Fähigkeit, einen Perspektivwechsel vorzunehmen und sich in andere Personen hineinzuversetzen, um mit ihren Augen auf ihre Welt blickend nachzuvollziehen, wie sie Situationen erleben und gegeben ihre eigenen Motivlagen, Emotionen und Kognitionen handeln und empfinden. Solche Leistungen einer „naiven" oder sogar elaborierten (Alltags-)Psychologie setzen die Fähigkeit zur Empathie ebenso voraus wie zur Selbst- und Fremddistanzierung, zu meta-kognitiven Schleifen und zur Aktivierung von Wissensbeständen (z.B. von kulturellen oder normativen Kontexten, zur Vorgeschichte oder zu bio-psychischen Funktionen der zu verstehenden Person).

Günter Schiepek (Hrsg.)
Neurobiologie der Psychotherapie

Stuttgart: Schattauer 2014

Bedingungen für das Schaffen gelingender Selbstorganisationsprozesse in der Psychotherapie

1. Stabilitätsbedingungen

Psychotherapie bedeutet Destabilisierung im Kontext von Stabilität. Wenn Ordnungsübergänge mit kritischer Instabilität und mit der Destabilisierung von Mustern verbunden sind, dann ist es notwendig, zunächst stabile Rahmenbedingungen zu schaffen. Hierzu gehören strukturelle Sicherheit (Setting, Behandlungsablauf, Verstehbarkeit und subjektiv erlebte Transparenz des Vorgehens), die Beziehung und das Vertrauen zum Therapeuten und nicht zuletzt die Unterstützung und Sicherheit, die ein Klient aus sich selbst heraus erhält (Erfahrung von Selbstwirksamkeit, Kontrollierbarkeit und Handhabbarkeit, Zugang zu persönlichen Ressourcen, Selbstwertunterstützung).

2. Identifikation von Mustern des relevanten Systems

Auf welches System beziehen sich die zu fördernden Selbstorganisationsprozesse (Systemgrenzen)? Es geht hier unter anderem um Methoden zur Darstellung und Analyse psychischer Netzwerke und Muster eines Patienten (z.B. idiographische Systemmodellierung).

3. Sinnbezug

Persönliche Entwicklungsprozesse sollten vom Klienten als sinnvoll erlebt werden und mit seinen zentralen Lebenskonzepten in Korrespondenz stehen. Dies gilt umso mehr, je problematischer und krisenhafter die momentane Situation ist.

4. Kontrollparameter und Veränderungsmotivation

Selbstorganisation setzt im weitesten Sinne die energetische Aktivierung eines Systems voraus. Dabei geht es um die Herstellung motivationsfördernder Bedingungen, um die Aktivierung von Ressourcen, um die Intensivierung von Emotionen und um die emotionale und motivationale Bedeutung von Zielen, Anliegen und Visionen des Klienten (intrinsische Veränderungsmotivation).

Bedingungen für das Schaffen gelingender Selbstorganisationsprozesse in der Psychotherapie

5. Destabilisierung und Fluktuationsverstärkung

Psychotherapie bedeutet, den Klienten veränderte Erfahrungsmöglichkeiten zu eröffnen. Bestehende Muster werden destabilisiert und es treten Inkongruenzen auf, die zunächst irritierend wirken. Diese gilt es, zu erkennen und zu nutzen. Im Sinne eines deviation amplifying feedback (abweichungsverstärkende Rückkopplung) befindet sich der Klient zunehmend ausgeprägter und auch länger in anderen, mit neuen oder emotional relevanten Erfahrungen assoziierten Zuständen. Unterschiedliche Techniken können dazu beitragen, bestehende Muster zu destabilisieren, z. B. Übungen und Rollenspiele, Verhaltensexperimente, Fokussierung auf die Ausnahmen von einem Problemmuster, Einführung bisher nicht benutzter Unterscheidungen und Differenzierungen, Erarbeitung von veränderten Verständniszusammenhängen und Deutungen (Reframing), u.s.w.

6. Kairos, Resonanz und Synchronisation

Therapeutische Heuristiken sollten zum aktuellen kognitiv-emotionalen Zustand des Klienten passen. Botschaften und Interventionen, die damit nicht kongruent sind, haben nur eine geringe Wahrscheinlichkeit, aufgegriffen und verstanden zu werden. Die zeitliche Passung und Koordination der Vorgehensweisen und des Kommunikationsstils des Therapeuten mit den psychischen und physiologischen Prozessen und Rhythmen des Klienten sind Voraussetzung wie auch Merkmal gelingender therapeutischer Arbeit.

7. Gezielte Symmetriebrechung

„Symmetrie" bedeutet, dass mehrere Attraktoren oder Ordner eines Systems im Zustand kritischer Instabilität potenziell mit ähnlicher Wahrscheinlichkeit realisiert werden können. Da kleine Fluktuationen über ihre Realisation entscheiden, ist eine Vorhersehbarkeit der weiteren Entwicklung kaum möglich. Um Symmetriebrechungen in eine gewünschte Richtung zu lenken, kann man sich bestimmter „Hilfestellungen" bedienen. So lassen sich einige Strukturelemente eines neuen Ordnungszustandes z. B. in Rollenspielen oder mit Hilfe motorischer Übungen realisieren. Gezielte Zustandsrealisierungen bedienen sich insbesondere der Intentionalität und Antizipationsfähigkeit des Menschen, was konkret über imaginierte Zielzustände oder die kognitive Antizipation von Verhaltensweisen erfolgt.

8. Stabilisierung neuer Muster

Wenn im Therapieprozess positiv bewertete KEV-Muster (Kognitions-Emotions-Verhaltens-Muster) erreicht wurden, gilt es, diese zu stabilisieren, zu automatisieren und zugänglich bzw. verfügbar zu halten. Maßnahmen zur Stabilisierung und Generalisierung kommen hier ins Spiel, z. B. Wiederholung, Variation, Nutzung in unterschiedlichen Situationen und Kontexten, positive Verstärkung. Schließlich wird es darum gehen, die neuen Muster in bestehende Selbstkonzepte zu integrieren und mit den bestehenden emotionalen Selbst-Schemata zu vernetzen.

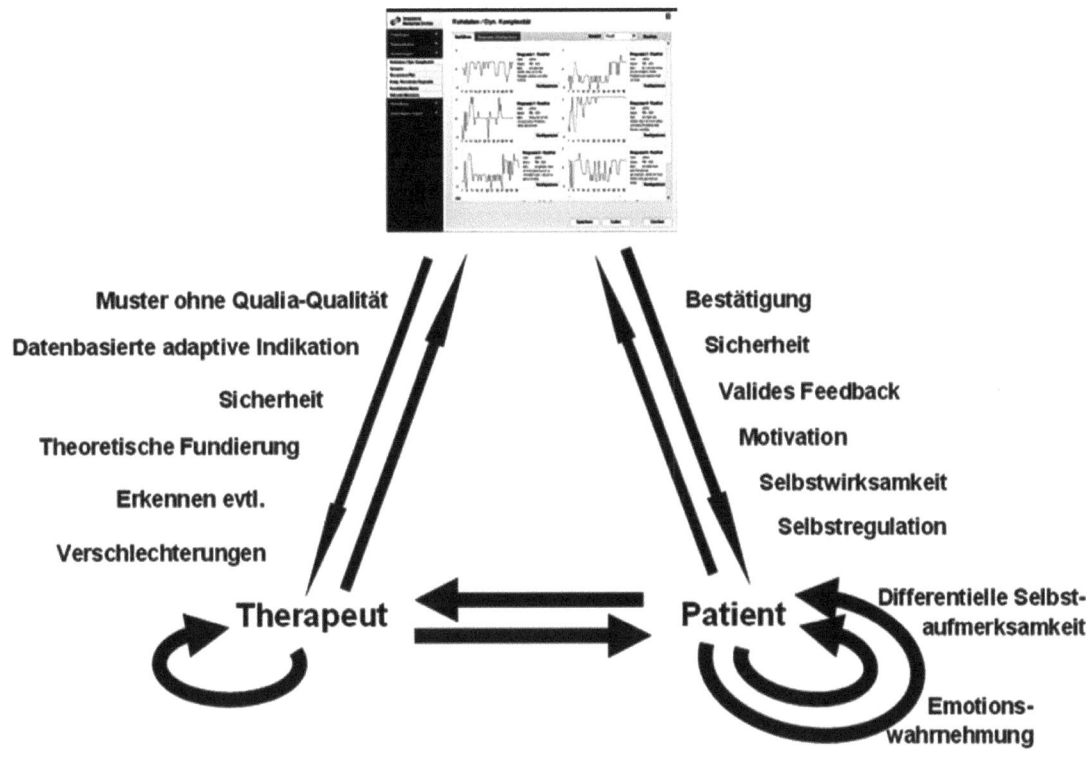

Abb. 1: Mögliche psychologische Effekte der Nutzung von Prozessmonitoring und Prozessfeedback (Synergetisches Navigationssystem) für Klient/-in und Therapeut/-in.

Praktische Konsequenzen

In diesem filigranen und komplexen Gesche-hen neuronaler Selbstorganisation von phä-nomenalem Bewusstsein, Identität, sowie von Kohärenz und Kongruenz von Selbst-Erfah-rungen (vgl. Schiepek, 2007) gibt es genügend Möglichkeiten für „unglückliche" Entwicklun-gen, Blockaden, Dysbalancen und Rigidität. Hierfür bietet Psychotherapie die Chance, neue Wege und Entwicklungen bio-psycho-sozialer Selbstorganisation zu eröffnen. In die-sem Sinne ist Psychotherapie weniger ein Mit-tel zur Heilung von Krankheiten, sondern eine Möglichkeit, persönliche Entwicklungspro-jekte zu fördern und zu unterstützen.

Der theoretische Rahmen der Selbstorga-nisation komplexer Systeme wäre dabei für C. G. Jung sicher sehr attraktiv gewesen, hat er sich doch bereits selbst auf Konzepte der Selbstregulation bezogen. Allerdings waren die heute verfügbaren der naturwissenschaftli-chen Modelle und Methoden komplexer nicht-linearer Systeme (u.a. die Synergetik, Haken & Schiepek, 2010) damals noch nicht verfügbar.

Das Synergetische Navigationssystem

Die Ausführungen zur Dynamik selbstbezoge-ner Informationsverarbeitung und zur perma-nenten Selbstreflexion unseres Bewusstseins legen über die bekannten Methoden der snaly-tischen Psychotherapie hinaus die Nutzung ei-nes kontinuierlichen Therapiefeedbacks nahe, technisch umgesetzt mit dem Synergetischen Navigationssystem (SNS) (vgl. Schiepek et al., 2013, Schiepek & Aichhorn, 2013).

Es handelt sich dabei um ein Internet-ba-siertes Vorgehen, das dem Klienten/der Kli-entin die Möglichkeit eröffnet, seine/ihre Entwicklungen in graphischer Form darge-stellt zu bekommen und zusammen mit sei-

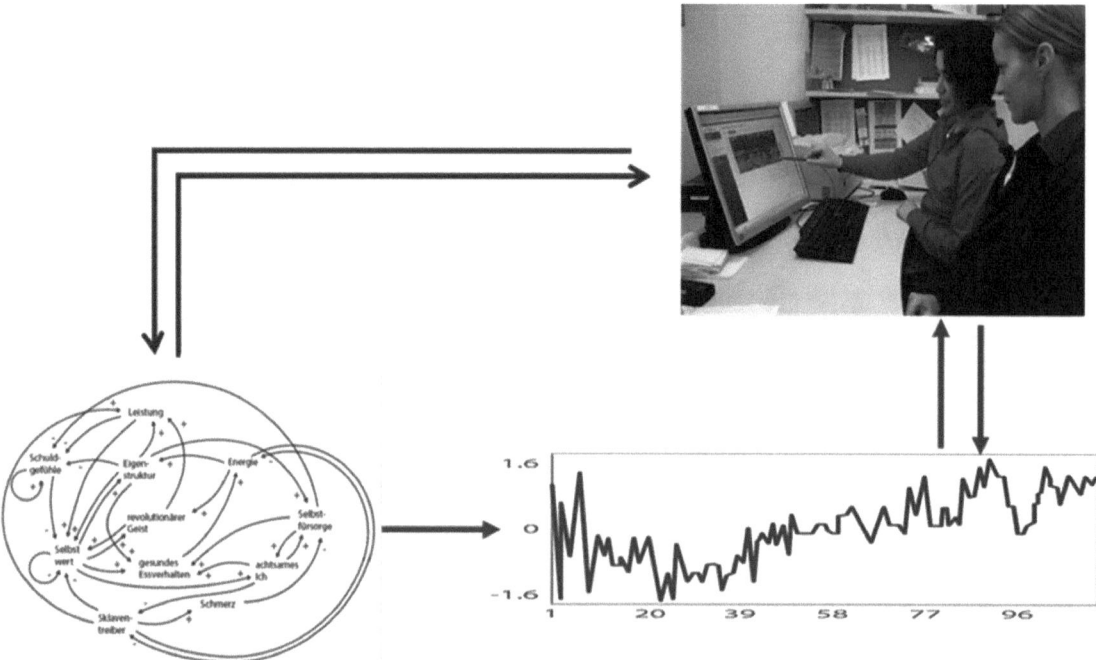

Abb. 2: Psychotherapie als rekursiver Prozess zwischen idiographischer Systemmodellierung, Prozessmonitoring, und SNS-basiertem Prozessfeedback.

nem/ihrem Therapeuten/Therapeutin zu reflektieren. Entwicklungssprünge (Ordnungsübergänge), kritisch-instabile Phasen oder bestimmte dynamische Muster (z.B. emotionale Instabilität, State-abhängige Variationen von Emotionen, bestimmte Relationen von Kognitionen und Emotionen) können dabei unmittelbar deutlich gemacht werden.

Datenbasis ist eine regelmäßige (bewährt hat sich eine tägliche) kurze Selbsteinschätzung mit standardisierten Fragen oder aber mit Fragen, die gemeinsam mit dem Klienten zu seinen Themen, Konflikten oder Therapiezielen erarbeitet wurden. Auch können die Klienten im Rahmen dieser 5-10 Minuten täglicher Selbstreflexion persönliche Kommentare bzw. ein kleines Therapietagebuch schreiben.

Diese täglichen Einheiten der Selbstreflexion katalysieren den Therapieprozess und fördern die Individuation, machen individuelle Formen der Erlebnisverarbeitung, d.h. des Verhältnisses von Innen und Außen deutlich, und zeigen auch Synchronisationen zwischen inneren und äußeren Ereignisströmen auf.

In den Therapiesitzungen können die Informationen aus den Prozessdaten und den Therapietagebüchern (sofern vom Klienten gewünscht) besprochen werden. Analogien zu Bildern C. G. Jungs (z.B. die Nachtmeerfahrt, Synchronisation, Zufall und Kreativität, Erfahrungen als Ausdruck des Unbewussten, Rosen, 2016) sind evident und dienen als Interpretationsraster der selbstorganisierten personalen Entwicklung in der Psychotherapie. Selbstreflexion und Selbstwahrnehmung bei der täglichen Einschätzung sowie die interaktive Prozessreflexion in der therapeutischen Begegnung unterstützen die Mentalisierungs- und Personalisationsprozesse des Klienten (vgl. Abb. 1).

Neben der Visualisierung und dynamischen Analyse von Prozess dient das SNS auch der Evaluation von Therapien, was für einen traditionsreichen, aber bis heute wenig empirisch validierten Absatz wie die analytische Psychotherapie von berufspolitischem Interesse sein könnte.

Über die Nutzung von standardisierten Fragebögen zur Prozesserfassung (Therapieprozessbogen, Haken & Schiepek, 2010) ist auch die Entwicklung von individuellen Fragebögen möglich, die dann der täglichen Selbsteinschätzung zugrunde liegen. Die Items eines solchen persönlichen Fragebogens werden in einer idiographischen Systemmodellierung entwickelt, welche die Komponenten der individuellen Selbst- und Selbst-Umwelt-Dynamik in ihrer Wechselwirkung und Reziprozität graphisch deutlich machen (Abb. 2).

Der Prozess der Modellierung stellt für den Klienten/die Klientin wie für den Therapeuten/ die Therapeutin eine hoch konzentrierte, kreative und produktive Arbeit des Mustererkennens dar. Die Durchführung einer Systemmodellierung ist eine Kombination aus Assessment und Intervention, hat also eine diagnostisch-therapeutische Doppelfunktion. Dieses Verfahren der Fallkonzeption bietet eine Möglichkeit, die Teilkomponenten (auch Ego-States) des „Selbst" zu visualisieren, ihr Zusammenspiel verständlich zu machen und Ansatzpunkte für Veränderungen der Lebenspraxis zu entwickeln. Auf diese Weise wird das Individuum zum Gestalter und zum selbstreflexiven Autor seines dynamischen Selbst-in-der-Welt.

Literatur

Damasio, A. R. (2001, 3. Aufl.): Ich fühle, also bin ich. Die Entschlüsselung des Bewusstseins. München: List

Edelman, G.M. & Tononi, G. (2002): Gehirn und Geist. Wie aus Materie Bewusstsein entsteht. München: C.H. Beck

Förstl, H. (Hrsg.) (2007): Theory of Mind. Heidelberg Berlin: Springer

Gallese, V., Bertram, W. & Buccino, G. (2011): Spiegelneurone, verkörperte Simulation, Intersubjektivität und Sprache. In: G. Schiepek (Hrsg.), Neurobiologie der Psychotherapie (2. völlig überarbeitete und erweiterte Auflage) (S. 323-338). Stuttgart: Schattauer

Haken, H. & Schiepek, G. (2010): Synergetik in der Psychologie. Selbstorganisation verstehen und gestalten (2. Aufl.). Göttingen: Hogrefe

LeDoux, J. (2003): Das Netz der Persönlichkeit. Wie unser Selbst entsteht. Düsseldorf: Walter

Northoff, G. (2011): Neurobiologische Grundlagen des phänomenalen Selbstbewusstseins: Kortikale und subkortikale Prozesse. In: G. Schiepek (Hrsg.), Neurobiologie der Psychotherapie (2. völlig überarbeitete und erweiterte Auflage) (S. 280-285). Stuttgart: Schattauer

Rosen, D. (2016): Accessing creativity: Jungian night sea journeys, wandering minds, and chaos. Nonlinear Dynamics, Psychology, and Life Sciences, 20, 117-139.

Northoff, G. & Bermpohl, F. (2004): Cortical midline struc

Roth G. (2001): Fühlen, Denken, Handeln. Wie das Gehirn unser Verhalten steuert. Frankfurt am Main: Suhrkamp

Schiepek, G. (2007): Die neuronale Selbstorganisation des Selbst. Ein Beitrag zum Verhältnis von neuronalen und mentalen Prozessen aus Sicht der Synergetik. In: T. Fuchs, K. Vogeley & M. Heinze (Hrsg.), Subjektivität und Gehirn (S. 139-160). Lengerich: Pabst Science Publishers

Schiepek, G. & Aichhorn, W. (2013): Real-Time Monitoring in der Psychotherapie. Psychotherapie, Psychosomatik und medizinische Psychologie, 63, 39-47

Schiepek, G., Eckert, H. & Kravanja, B. (2013): Grundlagen systemischer Therapie und Beratung. Band 1 der Reihe „Systemische Praxis". Göttingen: Hogrefe.

Singer, W. (2011): Das Gehirn – ein komplexes, sich selbst organisierendes System. In: G. Schiepek (Hrsg.), Neurobiologie der Psychotherapie (2. völlig überarbeitete und erweiterte Auflage) (S. 133-141). Stuttgart: Schattauer

Günter Schiepek

Univ.-Prof. Dr. phil. Leiter des Instituts für Synergetik und Psychotherapieforschung an der Paracelsus Medizinischen Privatuniversität Salzburg. Professor ebendort sowie an der Ludwig-Maximilians-Universität München. Gastprofessor an der Alpen-Adria-Universität Klagenfurt und an der Donau-Universität Krems. Geschäftsführer des Center for Complex Systems (Stuttgart/Salzburg).

Niemand war oder hatte jemals ein Selbst

Die Selbstmodelltheorie von Thomas Metzinger
Ein Interview mit Wanja Wiese

Lutz Müller

Jung Journal: Lieber Herr Wiese, Sie haben Philosophie und Mathematik studiert, in Philosophie über die „Einheit des Bewusstseins" promoviert und sind derzeit wissenschaftlicher Mitarbeiter und Assistent von Prof. Metzinger am Arbeitsbereich Theoretische Philosophie in Mainz. Sie haben sich freundlicherweise bereit erklärt, mit uns einige der Thesen von Herrn Prof. Metzinger zu diskutieren.

In seinem letzten Buch „Der Ego-Tunnel" stellt er seine Philosophie des Selbst im Zusammenhang mit der Hirnforschung dar. Er beginnt gleich mit provokativen Sätzen wie:

In diesem Buch werde ich Sie davon zu überzeugen versuchen, dass es so etwas wie »das« Selbst nicht gibt. [...] Nach allem, was wir gegenwärtig wissen, gibt es kein Ding, keine einzelne unteilbare Entität, die wir selbst sind, weder im Gehirn noch in irgendeiner metaphysischen Sphäre jenseits dieser Welt.

Metzinger, 2014, S. 15

Für den philosophisch oder psychologisch wenig geübten Leser können solche Aussagen schockierend sein, denn sie stellen ja etwas infrage, was uns meist für das Allerwichtigste und Überzeugendste erscheint: unser bewusstes wollendes und handelndes Ich-Erleben. Wie ist denn seine Theorie zu verstehen?

Wanja Wiese: Zunächst einmal ist es wichtig, Aussagen über den Inhalt unseres Bewusstseins von Aussagen über die Existenz von Dingen in der Welt zu unterscheiden. Unser bewusstes Ich-Erleben wird durch Metzingers Selbstmodelltheorie nicht infrage gestellt. Die Theorie behauptet lediglich, dass die Ausdrücke „erlebtes Ich" oder „erlebtes Selbst" sich nicht auf eine Seele oder Substanz beziehen, die von Gehirn und Körper unabhängig sind. Vielmehr beziehen sie sich auf den Inhalt eines Modells, das vom Gehirn erzeugt wird. Thomas Metzinger nennt dies das phänomenale, d. h. bewusst erlebte, Selbstmodell (PSM).

Jung Journal: Können Sie kurz erläutern, welche Rolle dieses PSM im bewussten Erleben spielt und in welcher Beziehung es zu anderen Aspekten des Bewusstseins steht?

Wanja Wiese: Das PSM ist in ein Modell der Welt eingebettet: Wir erleben uns als Teil einer Welt. Doch auch die erlebte Welt ist der Inhalt einer Repräsentation, die erlebte Realität ist sozusagen immer eine virtuelle Realität (VR). Vor dem Hintergrund der VR-Metapher besteht eine Pointe der Selbstmodelltheorie in der folgenden Aussage: Das Gehirn erzeugt nicht nur eine virtuelle Realität und simuliert dadurch die Außenwelt, sondern es simuliert den Benutzer dieser virtuellen Realität gleich mit. Evolutionspsychologisch gesehen sind unser Weltmodell und das PSM offenbar sehr erfolgreiche Repräsentationen, da sie flexible und effektive Interaktionen mit unserer Umgebung ermöglichen. Durch sie erhalten wir ein immenses Repertoire an Handlungsmöglichkeiten.

Jung Journal: Wir befinden uns also – ähnlich wie in einem Flugsimulator – in einer Art Mensch-Welt-Simulator, den unser psychoneuronales System erzeugt, um sich besser in der Umwelt orientieren zu können. Dabei kommen wir mit der „wirklichen" Welt und unserem „wirklichen" Körper nicht direkt, sondern nur sehr indirekt in Kontakt. Das zu erkennen, fällt uns nun ja sehr schwer. Woran liegt denn das?

Wanja Wiese: Wenn wir die Welt um uns herum wahrnehmen oder auch unsere eigenen Gedanken, Gefühle oder körperlichen Zustände erleben, haben wir in der Regel den Eindruck, in direktem Kontakt mit den Dingen selbst zu stehen. Wir erleben die Welt nicht als Inhalt eines Modells, sondern als unmittelbar gegeben. Der philosophische Fachausdruck hierfür lautet „phänomenale Transparenz".

Gemeint ist damit, dass uns eine bestimmte Tatsache über unser Bewusstsein nicht bewusst zugänglich ist: Wir sind sozusagen blind dafür, dass die erlebte Welt der Inhalt einer Repräsentation ist. Selbst wenn wir diese Tatsache intellektuell verstehen und akzeptieren, ändert sich dadurch nichts an unserem bewussten Erleben. Wir haben immer noch den Eindruck, dass das, was wir sehen, hören oder anderweitig sinnlich wahrnehmen, die Dinge selbst sind.

Jung Journal: Wir können den virtuellen Charakter unserer Selbst- und Weltrepräsentationen vermutlich auch deswegen nicht erkennen, weil „wir" uns und die Welt eben nur in und durch diese Repräsentationen erleben und keinen Standpunkt außerhalb finden können. Wie können wir uns dennoch dieser Einsicht annähern?

Wanja Wiese: Ein sehr anschauliches Beispiel ist die Gummihand-Illusion. Eine Versuchsperson schaut auf eine vor ihr liegende Gummihand, die gleichzeitig mit ihrer echten Hand mit einem Pinsel gestreichelt wird. Die echte Hand ist dabei vor den Blicken der Versuchsperson verborgen, sodass die Person nur fühlt, wie ihre echte Hand gestreichelt wird. Zur selben Zeit sieht sie, wie synchron die Gummihand gestreichelt wird. Nach kurzer Zeit entsteht dadurch bei der Versuchsperson der Eindruck, die eigene Hand befinde sich dort, wo die Gummihand liegt.

Das Experiment ist besonders relevant, weil es zeigt, wie leicht sich unser Körpermodell drastisch verändern kann. Ferner belegt es, dass selbst der Zugang, den wir im bewussten Erleben zu unserem eigenen Körper haben, stets vermittelt wird durch Vorgänge im Gehirn. Diese Vorgänge verbinden die sensorischen Signale der unterschiedlichen Modalitäten miteinander, sodass unser Gehirn quasi durch einen Schluss auf die beste Erklärung darauf schließt, in welchem Zustand sich der Körper und die Umgebung gerade befinden.

Jung Journal: Gibt es im Bereich zwischenmenschlicher Beziehungen auch so etwas wie die Gummihand-Illusion, die die Virtualität besonders drastisch veranschaulicht?

Wanja Wiese: Ja, gewissermaßen schon. In den sechziger Jahren hat der Informatiker Joseph Weizenbaum ein einfaches Computer-Programm namens ELIZA geschrieben, das auf sehr simple Weise einen psychotherapeutischen Gesprächspartner simulieren konnte.

Es handelte sich dabei um eine Art Chat-Programm, das nach einfachen Regeln auf Eingaben des Benutzers reagierte, häufig mit Gegenfragen. Dadurch wurden die Benutzer ermutigt, im Chat von sich und ihren Problemen zu erzählen. Das Erstaunliche daran ist, dass einige Versuchspersonen den Eindruck hatten, sich mit einem Gesprächspartner zu unterhalten, der sie tatsächlich verstehen und Einfühlungsvermögen für ihre Probleme aufbringen konnte.

Unser Gehirn kann also komplexe Informationen ergänzen, sodass wir selbst dann das Gefühl haben, uns in einer echten Gesprächssituation mit einem verständnisvollen Mitmenschen zu befinden, wenn wir streng genommen nur Wörter auf einem Bildschirm vor uns haben.

Anbieter von Online-Therapien können auf diese Weise zum Beispiel Kriegsopfern helfen, die keinen Zugang zu einer herkömmlichen Therapie haben und für die die Kommunika-

Die Gummihand-Illusion. Die rechte originale Hand der Versuchsperson (in der Abbildung ganz links) wird ihren Blicken durch eine schwarze Scheibe entzogen. Dafür blickt sie auf eine Gummihand (zweite Hand von links). Wenn nun die originale verdeckte Hand und die beobachtete Gummihand vom Versuchsleiter für eine Zeitlang synchron mit einem Pinsel gestrichen werden, entwickelt sich der Versuchsperson der Eindruck, die Gummihand sei ihre originale Hand. (Bildschirmfoto von youtube.com, john7802140109)

tion per E-Mail die einzige Möglichkeit ist, ihre Erlebnisse zu verarbeiten.

Dieses Phänomen der Ergänzung findet sich auch in der Interaktion mit wirklichen Menschen. Wenn Sie sich z. B. mit einer Person unterhalten, erzeugt Ihr Gehirn ein Modell des Gesprächspartners, dessen Inhalt noch weit über die rein sensorischen Signale hinausgeht.

Jung Journal: In der Tiefenpsychologie geht man schon lange von der Vorstellung aus, dass sich in der Begegnung zweier Menschen – besonders deutlich wird das in der Phase der Verliebtheit – alle möglichen unbewussten Wünsche, Sehnsüchte, Projektionen, Übertragungs- und Gegenübertragsreaktionen ereignen.

Früher hegte man vielleicht einmal die Hoffnung, es gebe eine Möglichkeit, alle diese Prozesse zu durchschauen, die Projektionen zurückzunehmen und in einen „wirklichen" Kontakt zu der „wirklichen" anderen Person zu treten. Da wir aber im Grunde gar nicht wissen, wer wir und der andere Mensch „wirklich" sind und wir immer nur unsere Bilder und Konstrukte haben können, können wir auch nicht in eine „wirkliche" und „wahre" Beziehung zueinander treten. Das macht noch einmal mehr deutlich, weshalb gelingende zwischenmenschliche Kommunikation so komplex ist und manchmal aussichtslos erscheint.

Es gibt eine Reihe psychischer und psychopathologischer Phänomene, die uns den virtuellen Charakter unserer Selbst-, Körper- und Weltwahrnehmung deutlich machen könnten. Ich denke z. B. an in Grenzerfahrungen veränderte Bewusstseinszustände, an Nah-Todeserfahrungen, an traumatische Stress- und Schockreaktionen, Halluzinationen, Depersonalisations- und Derealisationserfahrungen, Demenzerkrankungen mit Identitätsverlust usw.

Die platonische Höhle. Kupferstich von Jan Saenredam nach dem Ölgemälde von Cornelis van Haarlem 1604.

Das Bild zeigt verschiedene Stufen der Bewusstseinsentwicklung. Rechts sitzen Gefangene. Hinter ihnen befindet sich eine Lichtquelle, ein Feuer. Vor dem Feuer laufen auf einer Mauer Personen und tragen Gegenstände vorbei, deren Schatten wie im Kino nach vorne auf die Wand geworfen werden. Die Menschen in der Höhle glauben, die Schatten an der Wand seien die Wirklichkeit. Links sieht man Philosophen, die den Projektionsvorgang erkennen und diskutieren.

Außerhalb der Höhle sieht man Menschen, die jetzt die Sonne „selbst in ihrer Reinheit und in ihrer eigenen Region anblicken sowie ihr eigentliches Wesen" erkennen. Und Platon fragt: Wenn der Mensch, der sich aus der Höhle befreit und das wirkliche Leben im Licht der Sonne erfahren hat, nun an seinen Höhlenaufenthalt zurückdenkt und an seine Mitgefangenen, würde er sich nicht wegen seiner Veränderung glücklich preisen und jene bedauern? Würde er nicht viel lieber als Tagelöhner das Feld bestellen und eher alles in der Welt über sich ergehen lassen", als wieder das Leben in der Höhle zu führen?

Allerdings scheint in diesem Gleichnis immer noch die Hoffnung durchzuschimmern, dass man durch höhere Erkenntnis einmal zu den „wirklichen" Tatsachen und Vorgängen vordringen könnte. Aber es scheint keinen Weg zu geben, das „Gefängnis" unserer psychischen Realität und neurophysiologischen Bedingungen zu verlassen. Wir erleben immer nur das Endprodukt der unter- und hintergründig ablaufenden psychischen Prozesse, die diese Selbst- und Weltmodelle, die in unserem Bewusstsein erscheinen, konstruieren.

Wanja Wiese: Ja, die Tatsache, dass der Zugang zur Welt, zu unserem Körper, und sogar zu unseren geistigen Zuständen stets nur vermittelt ist, lässt sich besonders gut durch psychiatrische Störungen veranschaulichen. Bei schizophrenen Störungen kann es zu Depersonalisationsphänomenen kommen. In diesen Fällen beschreiben sich betroffene Personen als getrennt von der Welt, von ihrem Körper oder sogar von den Gedanken, die sich „in ihrem Kopf" befinden.

Abgesehen davon, dass diese Erlebnisse für die Personen sehr beängstigend und verunsichernd wirken müssen, stechen sie auch deswegen besonders hervor, weil sie philosophische Fragen aufwerfen. Es ist nicht nur schwierig, sich vorzustellen, wie sich diese ungewöhnlichen Erlebnisse subjektiv anfühlen. Es ist auch nicht einfach, sich abstrakt vorzustellen, wie es überhaupt möglich sein könnte, z. B. den Gedanken einer anderen Person zu denken. Denn wenn ich einen Gedanken habe, scheint er schließlich automatisch auch immer „mein" Gedanke zu sein.

Eine erste Annäherung scheint zu erfordern, dass man zwischen dem erlebten Haben (engl. sense of ownership) eines Gedankens („Meinigkeit") und der erlebten Urheberschaft oder Agentivität (engl. sense of agency) für diesen Gedanken unterscheidet.

Für Körperbewegungen dürfte diese Unterscheidung offensichtlich sein: Der Kniesehnen-Reflex führt dazu, dass sich mein Bein streckt, ohne dass ich mich als Urheber dieser Körperbewegung empfinde – denn ich habe nicht die Absicht besessen, mein Bein zu bewegen. Ebenso ist es möglich, einen Gedanken bewusst zu erleben, ohne sich als Urheber dieses Gedankens zu erleben (denken Sie, als Annäherung hieran, an einen Ohrwurm, bei dem sich eine Melodie aufdrängt, ohne dass man sie sich absichtlich ins Gedächtnis ruft). Wenn man genau darauf achtet, gibt es überhaupt für viele entstehende Gedanken keine erlebte Urheberschaft.

Thomas Metzinger nennt diese inneren Denkangebote „Proto-Gedanken." Erst wenn ich solch einen Proto-Gedanken, ein Denk-angebot, bewusst auswähle oder fallenlasse, entsteht das Gefühl der inneren Urheberschaft.

Bei einigen Fällen von Depersonalisation scheinen sich die Denkangebote gewissermaßen von alleine zu entwickeln, ohne dass die Betroffenen den Eindruck haben, selber der Urheber dieses Vorgangs zu sein oder den Vorgang willkürlich abzubrechen. Im Extremfall entsteht zusätzlich sogar das Gefühl, dass eine andere Person Urheber des Gedankens ist.

Die Reihe der Beispiele drastischer Störungen lässt sich fortsetzen: Beim Cotard-Syndrom behaupten Personen von sich selbst, dass sie nicht existierten oder dass sie tot seien, beim Capgras-Syndrom sind die betroffenen Personen der festen Überzeugung, dass eine ihnen nahestehende Person wie ein Familienmitglied oder Ehepartner durch einen betrügerischen Doppelgänger ersetzt worden sei, beim Alien-Hand-Syndrom scheint die eigene Hand einen eigenen Willen zu besitzen, sie vollführt Bewegungen, für die keine Urheberschaft erlebt wird (wohl aber Meinigkeit – hier gibt es also auch die Dissoziation zwischen Urheberschaft und Meinigkeit, die bezüglich Gedanken möglich ist).

Insgesamt zeigen solche und weitere Störungen, wie plastisch das Modell ist, dass unser Gehirn von der Welt und inneren Vorgängen erstellt. Ferner zeigen sie, dass Autonomie und Agentivität keine selbstverständlichen Merkmale bewusster Wesen sind, sondern Errungenschaften eines komplexen informationsverarbeitenden Systems, unseres Gehirns.

Jung Journal: In den religiösen Traditionen gibt es eine Vielzahl von bewusstseinsverändernden Techniken wie z. B. Atmen, Fasten, Einsamkeit, Askese, Isolation, Tanz, Trance, Einnahme von psychoaktiven Substanzen, die uns doch wichtige Einblicke in die Funktionsweise und die Veränderungsqualitäten des Bewusstseins ermöglichen könnten. Wäre es nicht sinnvoll, solche Methoden verstärkt für die Forschung zu nutzen?

Wanja Wiese: Hier gäbe es sicher großes Potenzial für die Forschung, jedoch müsste

gehirn und seele

man dann auch bei einem geringen Prozentsatz der Versuchspersonen negative Folgen wie psychische Störungen und psychotische Reaktionen in Kauf nehmen. Wichtiger wäre womöglich, eine generelle Diskussion darüber anzustoßen, welche Arten von veränderten Bewusstseinszuständen wir eigentlich fördern wollen, welche wir lediglich tolerieren und welche wir verbieten sollten. Das könnte dann ggf. auch eine Grundlage liefern, um die Risiken entsprechender Forschung rational bewerten zu können.

Jung Journal: Etwas weniger riskante virtuelle Bewusstseinszustände können wir fast regelmäßig in Fantasien, Imaginationen und Träumen erleben. Im Traumzustand sind wir oft viel unterwegs, befinden uns an anderen Orten mit anderen Menschen und bezweifeln nicht, dass wir uns jetzt in der Realität befinden. Erst wenn wir dann aufwachen, merken wir – manchmal sehr erleichtert und sehr zum Glück – dass wir nur geträumt haben.

Wanja Wiese: Ein wichtiger Aspekt der Virtualität ist, dass unserem bewussten Erleben nicht notwendigerweise tatsächlich existierende Gegenstände oder Vorgänge in der Welt entsprechen müssen. In Träumen erleben wir oft bizarre Welten, die nichts mit der Realität zu tun haben. In luziden Träumen, d. h. in Träumen, in denen wir uns auf einmal der Tatsache bewusst werden, dass wir uns in einem Traum befinden, werden wir uns der Virtualität bewusst. In schwächerer Form ist dies bei Tagträumen der Fall.

Ein großer Unterschied besteht darin, dass der Grad der Immersion (Eingetauchtsein) in den Tagtraum typischerweise niedriger ist als im nächtlichen Traum. Wenn ich mir vorstelle, am Meer zu liegen, habe ich in der Regel nicht den Eindruck, mich wirklich dort zu befinden, mein Tagtraum besitzt nicht die gleiche erlebte Echtheit wie ein nächtlicher Traum.

Im gewöhnlichen bewussten Erleben hingegen ist die erlebte Echtheit maximal: Ich habe jetzt den Eindruck, mich tatsächlich an diesem Ort zu befinden, diese Umgebung erlebe ich als real, nicht als Produkt meiner Fantasie. Dabei rührt der Grad der erlebten Echtheit nicht allein daher, dass ich mich auch wirklich in der erlebten Situation befinde. Das wird eindrücklich z. B. durch außerkörperliche Erfahrungen veranschaulicht, bei denen Personen den subjektiven Eindruck haben, sich außerhalb ihres Körpers zu befinden.

Mittlerweile sind technisch hergestellte virtuelle Realitäten dabei, sich an den Grad der Echtheit unserer „natürlichen" virtuellen Realitäten anzunähern – auch wenn wir künstliche virtuelle Umgebungen noch klar als solche erkennen können, hat es durch die Entwicklung von immersiver 3D-Grafik einen großen Fortschritt gegeben, der das Gefühl, sich tatsächlich in der künstlich erzeugten Situation zu befinden, verstärken kann.

Jung Journal: In dem Zusammenhang kommt mir eine (sehr begrenzte) Analogie aus dem Computerbereich plausibel vor. Könnte es sein, dass der Zusammenhang zwischen Körper/Gehirn und psychischen Prozessen so ähnlich ist wie der Zusammenhang zwischen Hardware und Software bei einem Computer? Die Hardware ermöglicht es, eine große Vielzahl verschiedener Programme laufen zu lassen. Gleichzeitig werden die Möglichkeiten der Software auch begrenzt durch die Möglichkeiten der Hardware. Der Bildschirm könnte dann dem Ich-Bewusstsein gleichen, das eine geeignete Bedieneroberfläche anbietet, um eine differenziertere Interaktion mit der Umwelt zu ermöglichen. Der Bildschirm selber – das Ich-Bewusstsein – ruft aber die Ereignisse selber nicht hervor, sondern sie entstehen durch die in ganz anderer und abstrakter Programmier- und Maschinensprache geschriebenen tiefer ablaufenden Prozesse.

Wanja Wiese: Diese Analogie kann in der Tat sehr fruchtbar sein: Der Bildschirm eines Computers zeigt oft ja auch eine virtuelle Schreibtischoberfläche (Desktop), auf der sich Aktenordner befinden. Das sind virtuelle Objekte, die nichts damit zu tun haben, wie die Daten (Akten) auf der Festplatte gespeichert sind.

Für uns stellen sie jedoch eine nützliche Illusion dar, da sie die Benutzung erleichtern: Es ist für viele Menschen zu kompliziert und unpraktisch, einen Rechner durch Eingaben von Textbefehlen zu bedienen. Sehr einleuchtend und intuitiv ist hingegen, dass man in einem Ordner geschriebene Dokumente und andere Dateien findet.

Wie Sie sagen, lässt sich auch das bewusste Erleben als eine praktische, aber illusorische Benutzeroberfläche beschreiben: als „user illusion" (um einen Ausdruck aufzugreifen, den der Wissenschaftsjournalist Tor Nørretranders und der Philosoph Daniel Dennett unabhängig voneinander geprägt haben). Hinzu kommt noch eine weitere Illusion, nämlich die, dass es tatsächlich einen Benutzer gibt. Thomas Metzinger vergleicht das mit einem Mauszeiger auf dem Computerbildschirm, der sagt: „Ich bin jetzt hier."

Jung Journal: Wie können wir denn das virtuelle Traumerleben und die im Wachbewusstsein erzeugte Virtualität unterscheiden?

Wanja Wiese: Im Wachzustand gibt es einen großen, im Grunde selbstverständlichen Unterschied zum Traumzustand: Repräsentationen im Traumzustand sind in der Regel fehlrepräsentational, d. h. die Gegenstände, die wir im Traum erleben, existieren nicht wirklich. Das ist im Wachzustand natürlich anders. Wenn ich eine Tomate sehe, dann ist die Art, auf die ich die Tomate erlebe, vielleicht stark durch meinen Wahrnehmungsapparat beeinflusst, doch es gibt da draußen, das hoffe ich zumindest, tatsächlich einen Gegenstand, den ich zum Beispiel anfassen und essen kann. Wenn ich in einen Abgrund stürze, breche ich mir die Knochen.

Im Traum gibt es diese Konsequenzen nicht, da die Tomate und der Abgrund nicht tatsächlich existieren. Insofern geht die Virtualität im Traum tatsächlich wesentlich weiter als im Wachzustand.

Jung Journal: Gleichzeitig sind wir auch im Wachzustand oft nicht ganz präsent, wir sind

„gedankenverloren" und „geistesabwesend". Unsere Handlungen laufen dann noch durchaus intelligent, aber irgendwie halb- oder ganz unbewusst ab. Unser Bewusstsein scheint sich in einem herabgedimmten Zustand zu befinden, das Gehirn arbeitet in einer Art energiesparendem Stand-by-Modus, aus dem es erst wieder aktiviert wird, wenn eine Situation mehr Aufmerksamkeit und Konzentration erfordert.

Wanja Wiese: Sie sprechen hier eine weitere interessante Dimension an, hinsichtlich der unser bewusstes Erleben variieren kann, und zwar das, was Thomas Metzinger geistige Autonomie (mental autonomy) nennt.

Empirische Forschung zur Häufigkeit von mind wandering (also „geistigem Abschweifen") zeigt, dass wir wesentlich häufiger, als viele Leute vermuten würden, in Gedanken ganz woanders sind, während wir uns mit einer bestimmten Aufgabe beschäftigen.

Sie kennen sicher das Phänomen, dass Sie einen schwierigen oder langweiligen Text lesen und auf einmal feststellen, dass Sie gerade an etwas ganz Anderes denken. Dann wenden Sie sich wieder dem Text zu und stellen fest: Sie wissen gar nicht, was in dem Absatz steht, den Sie gerade gelesen haben. Ihre Aufmerksamkeit hat sich also von der gegenwärtigen Situation gelöst und einer abstrakten Vorstellung oder Fantasie zugewendet, die nichts mit der aktuellen Umgebung zu tun hat.

Entscheidend ist hierbei, dass dieses Abwandern der Aufmerksamkeit keine bewusste Entscheidung von Ihnen war und nicht von Ihnen kontrolliert wurde. Es handelt sich dabei also um einen Verlust von mentaler Autonomie, Sie haben die Kontrolle über mentale Funktionen wie die Steuerung der Aufmerksamkeit oder die Fähigkeit, begonnene Denkvorgänge zu beenden, verloren.

Laut Metzingers konservativer Schätzung sind wir während ungefähr zwei Dritteln unseres bewussten Lebens nicht mental autonom. Dies legen empirische Studien nahe.

Jung Journal: Gehen wir nun noch einen wichtigen Schritt weiter. Die Frage „Wer bin ich?", die Frage nach dem Wesen des Identitätserlebens und des Bewusstseins hat eine lange philosophische Tradition. Sie ist sicher eine der Ur-Fragen, die sich der Mensch vermutlich bald gestellt hat, nachdem er so etwas wie ein Bewusstsein von sich selbst und der Welt entwickelt hat. Die akademische Psychologie hat diese Fragen lange vernachlässigt, weil sie ihnen mit einer von außen kommenden Verhaltensbeschreibung nicht recht habhaft werden konnte. Gibt es inzwischen neue Erkenntnisse darüber, was das Bewusstsein nun eigentlich ist?

Wanja Wiese: Charakteristisch für Bewusstsein ist, dass wir uns nicht nur aus der Außenperspektive darauf beziehen können, sondern auch aus der Innenperspektive damit vertraut sind. Die Innenperspektive scheint hier sogar privilegiert zu sein: Ich nehme zwar an, dass auch nicht-menschliche Tiere wie Kühe oder Schweine Bewusstsein besitzen, wirklich sicher kann ich mir aber nur bei mir selbst sein. Aus der Innenperspektive dürfte auch jedem klar sein, was Bewusstsein ist: Es ist das, was entsteht, wenn ich aus einem traumlosen Schlaf aufwache. Darüber hinaus dürften den meisten jedoch die Worte fehlen, um zu beschreiben, was es heißt, bewusst zu sein.

Aus der Außenperspektive lassen sich nur einige Kriterien für Bewusstsein angeben, die jedoch für sich genommen weder notwendig noch hinreichend sein müssen. Zentral ist aus der Sicht der meisten Forscher die Fähigkeit, mit einer Vielzahl verschiedener kognitiver Funktionen auf sensorische Reize reagieren zu können.

Zum Beispiel können Sie, wenn Sie bei Bewusstsein sind, eine Person, die Sie anspricht, hören und verstehen, Sie können auf eine Frage verbal oder durch Körpersprache antworten, Sie können gezielt Ihre Aufmerksamkeit auf einzelne Aspekte dessen richten, was Sie wahrnehmen, Sie können sich begrifflich darauf beziehen, indem Sie etwa angeben, dass Sie ein Pferd oder ein Haus sehen etc.

Charakteristisch für Sie als bewusstes Lebewesen ist aber auch, dass Sie eine Unterscheidung zwischen Wirklichkeit und Möglichkeit machen. Während Sie eine bestimmte Situation gerade als wirklich erleben, können Sie sich eine mögliche Situation vorstellen, zum Beispiel Ihren geplanten Strandurlaub. Oder Sie denken mit Bedauern daran, dass es vielleicht doch ein Fehler war, das ungewöhnliche Stellenangebot abzulehnen, das man Ihnen vor einiger Zeit gemacht hat.

Übrigens haben der Psychologe Chris Frith und Thomas Metzinger kürzlich in einem gemeinsamen Aufsatz die Hypothese aufgestellt, dass die evolutionäre Funktion von Bewusstsein gerade darin bestehen könnte, Bedauern (regret) zu ermöglichen, da hierfür die Unterscheidung zwischen Wirklichkeit und Möglichkeit notwendig ist.

Jung Journal: Wie hört sich denn die für Sie zurzeit beste Definition für das Phänomen Bewusstsein an?

Wanja Wiese: „Das" Phänomen Bewusstsein ist ja sehr vielfältig, und eine Definition von Bewusstsein sollte dieser Tatsache gerecht werden, zugleich aber auch deutlich machen, was allen Fällen von bewusstem Erleben gemein ist. Das zweite Kriterium erfüllt z. B. Giulio Tononis „integrated information theory" in hohem Maße, sie liefert sogar eine Definition von Bewusstsein, die zunächst extrem einfach und elegant zu sein scheint: Bewusstsein ist integrierte Information. Das ist alles.

Dafür liefert die Theorie eine sehr anschauliche Begründung. Jeder bewusste Zustand ist informativ (denken Sie nur an die Informationen, die Sie gerade durch die bewusste Wahrnehmung dieser Zeilen aufnehmen). Das ist jedoch nicht hinreichend für Bewusstsein, sonst wäre jede Digitalkamera bewusst. Ein Merkmal, das unser Gehirn von einer Kamera unterscheidet, ist das hohe Maß an Integration zwischen Teilen des Gehirns. Integrierte Information ist ein Maß für die interne Verbundenheit, die in einem System bei gleichzeitiger Spezialisierung der Teilsysteme besteht. Ein hohes Maß an integrierter Information erfordert somit sowohl Integration als auch eine

Das Ich-Denkmal in Frankfurt von Hans Traxler (2005) (commons.wikimedia.org)
Wie man sieht, ist niemand zu sehen. Aber wer sich und seinem Ich-Erleben dennoch ein Denkmal setzen möchte, kann sich draufstellen, sich fotografien lassen oder ein „Selfie" machen.

gewisse Trennung der Teile: Denn Integration ohne Trennung liefert nur wenig Information.

Tononis Theorie liefert eine mathematische Definition von integrierter Information, die sich im Laufe der Jahre mehr als einmal verändert hat und leider auf komplizierte Systeme wie das Gehirn nicht anwendbar ist, da die erforderlichen Berechnungen praktisch nicht durchführbar sind.

Insbesondere lässt sich also nicht überprüfen, ob die gegenwärtige formale Definition von integrierter Information überhaupt adäquat ist. Es existieren jedoch indirekte Methoden, die sich z. B. auf Daten von EEG-Messungen und bildgebenden Verfahren anwenden lassen.

Das Ergebnis hiervon ist bislang: Es gibt zumindest gute Belege dafür, dass so etwas wie integrierte Information notwendig für Bewusstsein ist. Das ist eine Annahme, der sich wohl viele Forscher anschließen könnten. Jedoch ist es von hier zur Annahme, dass Bewusstsein mit integrierter Information identisch ist,

ein weiter Schritt, den ich zurzeit auch nicht bereit wäre zu gehen.

Dennoch habe ich diese Theorie deswegen angesprochen, weil ich den Ansatz, Bewusstsein als eine Art von Information oder zumindest als eine Art von Informationsverarbeitung zu beschreiben, sehr vielversprechend finde.

Man kann dann auch fragen: Um welche Art von Information handelt es sich, und wie wird sie verarbeitet? Was die Art der Verarbeitung angeht, so gibt es zurzeit einen vielversprechenden Ansatz in der theoretischen Neurowissenschaft und Kognitionswissenschaft, demzufolge ein Ziel der Informationsverarbeitung im Gehirn darin besteht, statistische Regularitäten in den sensorischen Signalen zu erkennen und zu antizipieren. Im Englischen wird dies als „predictive coding" oder „predictive processing" bezeichnet.

Insbesondere ermöglicht diese Art der Verarbeitung, Sinneseindrücke mit Vorwissen auf statistisch optimale Weise zu verbinden. Dies

Primat der Psyche

Die Idee der psychischen Realität könnte man wohl als die allerwesentlichste Errungenschaft moderner Psychologie bezeichnen, wenn sie als solche anerkannt wäre. Es scheint mir aber nur eine Frage der Zeit zu sein, bis diese Idee allgemein durchdringt. Sie muß durchdringen, denn diese Formel allein erlaubt es, die mannigfaltigen seelischen Erscheinungen in ihrer Eigenart zu würdigen.

Im Grunde genommen sind wir dermaßen in psychische Bilder eingehüllt, daß wir zum Wesen der Dinge außer uns überhaupt nicht vordringen können. Alles, was wir je wissen können, besteht aus psychischem Stoff. Psyche ist das allerrealste Wesen, weil es das einzig Unmittelbare ist. Auf diese Realität kann sich der Psychologe berufen, nämlich auf die Realität des Psychischen.

C. G. Jung, GW 8, § 681

lässt sich mathematisch modellieren, und viele Forscher sind der Meinung, dass dieses Prinzip auf die ein oder andere Weise im Gehirn realisiert sein könnte.

Eine philosophische Herausforderung besteht darin, die rein mathematischen Inhalte, die in solchen formalen Modellen vorkommen, zu den Inhalten in Beziehung zu setzen, die uns im bewussten Erleben aus der Innenperspektive zugänglich sind. Wenn solche „predictive processing"-Modelle wahre Beschreibungen von denjenigen Vorgängen im Gehirn liefern, die bewusstes Erleben hervorbringen, dann müssen sie auch in einer systematischen Beziehung zu wahren Erste-Person-Beschreibungen des bewussten Erlebens stehen. Auf einige grundlegende Fragen, die hiermit zusammenhängen, gehe ich in einer aktuellen Veröffentlichung von mir ein (Wiese, 2016).

Jung Journal: Und wie ist es mit dem Ich-Erleben? Bewusstes Erleben scheint ja irgendwie immer damit verbunden zu sein, dass es „Jemanden" gibt, der es erlebt. Ist ein Bewusstsein überhaupt ohne ein erlebendes Subjekt möglich?

Wanja Wiese: Auch hier ist der Ansatz, bewusstes Erleben als eine Art von Informationsverarbeitung zu beschreiben, fruchtbar. Denn es liegt natürlich die Feststellung nahe, dass ein komplexes informationsverarbeitendes System nicht nur Information über seine Umgebung verarbeitet, sondern zu einem erheblichen Teil auch Informationen über sich selbst.

Das Gehirn verarbeitet Informationen über den nicht-neuronalen Körper, aber auch über seine eigene Informationsverarbeitung. Zum Beispiel habe ich oben das Ziel erwähnt, bereits existierende Information mit aktueller (sensorischer) Information auf optimale Weise zu kombinieren.

Hierfür ist es erforderlich, gewissermaßen eine Gewichtung für diese unterschiedlichen Daten einzuführen, und diese Gewichtung muss flexibel sein und sich an die aktuelle Situation anpassen: Bei guter Beleuchtung kann ich mich aufs Sehen verlassen; wenn in meiner Wohnung spätabends der Strom ausfällt und ich im Dunkeln tappe, sollte ich mich eher durch Tasten und Hören orientieren. Diese Gewichtungen gehen in der Regel vollkommen automatisch und unwillkürlich vonstatten, jedoch können wir die Gewichtung zu einem gewissen Grad durch bewusstes Lenken der Aufmerksamkeit beeinflussen.

Es gibt gute Gründe für die Annahme, dass die Kontrolle von Aufmerksamkeit durch ein Modell der Aufmerksamkeitssteuerung verbessert wird, und wenn es solch ein Modell im Gehirn gibt, dann ist sein Inhalt wahrscheinlich zumindest teilweise bewusst erlebbar (Thomas Metzinger nennt dies ein attentionales phänomenales Modell der Intentionalitätsrelation). Dies könnte dann auch ein Aspekt dessen sein, was wir als „Ich-Erleben" oder „Ich-Gefühl" bezeichnen.

Aus rein philosophischer Sicht ist ein bestimmter Aspekt des subjektiven Erlebens besonders interessant, der oft „präreflexives Selbstbewusstsein" genannt wird. „Präreflexiv" bedeutet, dass diese Art von Selbstbewusstsein nicht begrifflich vermittelt ist. Es ist also kein Selbst-Wissen in einem starken Sinne, nicht das, was ich habe, wenn ich mich selbst im Spiegel erkenne. Es ist vielmehr ein unmittelbar erlebtes, aber auch schwer zu beschreibendes Bewusstseinsmerkmal.

Interessant ist es für Philosophen deshalb, weil es als Kandidat für ein notwendiges Merkmal des bewussten Erlebens angesehen wird. Es könnte also zum Kern dessen gehören, was wir Bewusstsein nennen, und ein besseres Verständnis dieser Art von Selbstbewusstsein würde auch ein besseres Verständnis von Bewusstsein liefern.

Möglicherweise ist jedoch noch eine etwas andere Analyse hilfreich, und zwar eine, die fragt, was denn die minimale Form von Ich-Gefühl ist, die man haben kann. Hier legen Forschungsergebnisse (u. a. in der Traumforschung) nahe, dass die erlebte Identifikation mit einem Körper nicht notwendig ist, sondern lediglich die Verortung an einem Punkt im Raum.

Ein weiteres Merkmal ist die Perspektivität des Erlebens, was zunächst nur bedeutet, dass ich z. B. die Außenwelt von einem raumzeitlichen Punkt aus wahrnehme; stärkere Formen von Perspektivität entstehen, wenn ich mich als jemand erlebe, der durch Kontrolle seiner Aufmerksamkeit oder seiner Gedanken auf Vorgänge in der Welt oder im Inneren gerichtet ist. Hier kommt wieder das eben erwähnte phänomenale Modell der Intentionalitätsrelation ins Spiel.

Jung Journal: C. G. Jung ging vom „Primat der Psyche" aus, also davon, dass die einzige Realität, die wir unmittelbar kennen, eine psychische ist und formulierte beispielsweise 1936 in einem Vortrag:

Die Welt ist unser Bild. Nur kindische Leute stellen sich vor, die Welt sei so, wie wir meinen, sie sei. Das Bild der Welt ist eine Projektion der Welt durch das Selbst, so wie letzteres eine Introjektion der Welt ist. Aber nur der besondere Geist eines Philosophen geht über das übliche Bild der Welt hinaus, in der es statische und isolierte Dinge gibt. Wenn wir darüber hinausgehen wollten, würden wir ein Erdbeben im Geist des Durchschnittsmenschen hervorrufen, der ganze Kosmos würde erschüttert, die heiligsten Überzeugungen und Hoffnungen würden aus den Angeln gehoben, und ich sehe nicht ein, weshalb man eine solche Unruhe anstreben sollte.

Jung, 1935, GW 18/1, §119

Mit dem Begriff „SELBST" meinte Jung nicht das Ich- oder Selbsterleben, sondern die Ganzheit des menschlichen Organismus. Meine Frage ist: Wie sieht die Situation heute aus? Welche Konsequenzen hat das virtuelle Menschenbild, das uns durch die Theorie Metzingers, anderer Neurowissenschaftler, Philosophen und Konstruktivisten nahegelegt wird, für unser Leben? Ist die Situation heute, durch das zunehmende Vertrautwerden der Menschen mit virtuellen Welten, günstiger als vor 80 Jahren, um mit diesen Einsichten zu leben? Oder werden durch diese Theorien immer noch die „heiligsten Überzeugungen und Hoffnungen" vieler Menschen „aus den Angeln gehoben"? Zeichnen sich bereits irgendwelche Konsequenzen ab, die sich aus dieser Sicht ergeben?

Wanja Wiese: Eine gute Frage. Ich vermute, dass es immer noch einen großen Unterschied zwischen einer rein abstrakten Akzeptanz und einer tieferen, auch emotional gelebten Einsicht gibt. Den Satz „Das, was ich als ‚Ich' erlebe, ist der Inhalt eines vom Gehirn erzeugten Selbstmodells." würden viele sicher mit einem Achselzucken abtun.

Insofern werden hier nicht unbedingt die heiligsten Überzeugungen aus den Angeln gehoben. Das passiert eher, wenn man sich die Bedeutung solcher Aussagen klarzumachen versucht. Zum Beispiel stellt dies infrage, ob ich und meine Ziele denn wirklich so wichtig sind, wie sie mir vorkommen. Wäre es für mich nicht eine verschwindend kleine Unannehmlichkeit, ein bisschen mehr Geld zu spenden, im Vergleich zu dem furchtbaren Leiden, das es in der Welt gibt? Ist die Annehmlichkeit, die der Genuss von Fleisch mit sich bringt, nicht zu vernachlässigen, im Vergleich zu dem Leiden, das die Massentierhaltung erzeugt? Die Interessen anderer leidensfähiger Wesen lassen sich eben leicht ausblenden, besonders, wenn sie uns in erster Linie durch Berichte präsent werden, und nicht durch direkten, täglichen Kontakt.

Ein wichtiges Ziel wäre also, sich nicht nur klarzumachen: Das, was ich als absolut real empfinde, ist eigentlich virtuell, sondern auch: das, was ich als fern oder vielleicht sogar virtuell empfinde, ist mindestens genauso real wie mein ganz persönlicher Alltag. Hier wird es unangenehm, weil es nicht mehr um abstrakte Ideen, sondern um moralische Fragen geht.

Jung Journal: Die Einsicht in die Virtualität und Relativität aller unserer Konzepte und Vorstellungen, unserer religiösen Überzeugungen, aber auch unserer wissenschaftlichen Modelle, wird oft als sehr bedrohlich und nihilistisch erlebt, wie man an vielen heftigen Reaktionen und Widerständen selbst von klugen Menschen sehen kann. Solche Erkenntnisse erscheinen wie das verbotene Öffnen der „Büchse der Pandora", das die Welt in einen trostlosen Ort der Beliebigkeit ohne tieferen oder höheren Sinn verwandelt.

Andererseits könnte man auch so argumentieren: Gerade dadurch, dass das bewusste Erleben veränderlich und beeinflussbar ist, bleibt

uns ein unendlicher Raum an Fantasie und Kreativität. Vielleicht ist das Potential unserer vom Gehirn erzeugten virtuellen Realität fantastischer und großartiger, als wir es uns je vorstellen würden. Was meinen Sie dazu?

Wanja Wiese:
Da würde ich Ihnen im Großen und Ganzen zustimmen. An der Vielfalt unseres bewussten Erlebens ändert sich nichts, wenn wir erkennen, dass der Inhalt meines Bewusstseins „nur" der Inhalt eines vom Gehirn erzeugten Modells ist. Auch die subjektive Bedeutung muss sich dadurch nicht ändern, im Guten wie im Schlechten: Lustvolle Bewusstseinszustände sind angenehm, leidvolle Zustände unangenehm, um es einmal ganz platt auszudrücken.

Zusätzlich lässt sich festhalten: Je besser wir die neurophysiologischen Grundlagen von Bewusstsein verstehen, desto gezielter können wir unser bewusstes Erleben, etwa durch pharmakologische oder chirurgische Eingriffe, verändern oder sogar steuern.

Spezielle Folgen dieser Entwicklung lassen sich schwer absehen. Besonders gefährlich dürften extreme Reaktionen sein, also etwa ein Abdriften in religiösen Fundamentalismus oder in einen Vulgärmaterialismus.

Das eine Extrem besteht darin, neue Erkenntnisse zu verleugnen und sich in dogmatische Überzeugungen zu flüchten, die zum Beispiel ein paradiesisches Jenseits versprechen.

Das andere Extrem besteht darin, traditionelle Menschenbilder komplett über Bord zu werfen und sich selbst als determinierte Maschine in einer Welt ohne Sinn und Werte anzusehen.

Irgendwo dazwischen wären transhumanistische Ansichten anzusiedeln, denen zufolge der Mensch ein unvollkommenes Geschöpf ist, das durch technischen Fortschritt verbessert werden kann und muss, bis hin zur Unsterblichkeit im Cyberspace (was zurzeit eher als Science-Fiction-Szenario anzusehen ist). Thomas Metzinger führt diese Gedanken in seinem Buch „Der Ego-Tunnel" weiter aus.

Eine wichtige Rolle im Ausloten der kreativen Möglichkeiten, die Sie erwähnt haben,

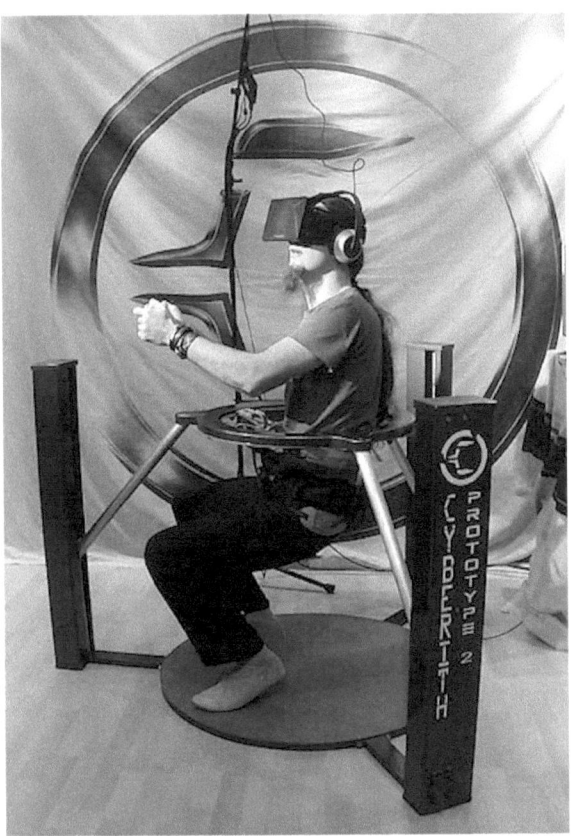

(Quelle: cyberith.com) In den „Virtualisern" der Firma Cyberith ist es möglich, den ganzen Körper und seine Bewegungen interaktiv in die virtuelle Realität einzubeziehen: Die aktuellste Form unseres urtümlichen Bedürfnisses, in die „andere Wirklichkeit" der Fantasie und Imagination möglichst intensiv einzutauchen.

kürzlich veröffentlichten Artikel einen ersten Vorschlag zu ethischen Richtlinien für die Verwendung von VR gemacht.

Vorstellbar ist auch, dass wir eines Tages künstliche virtuelle Welten als realer empfinden werden als das, was wir heute das reale Leben nennen. Vielleicht erweitert der Umgang mit virtuellen Welten gar nicht den Horizont, sondern erzeugt nur neue Fluchtpunkte?

Jung Journal: Vielen Dank lieber Herr Wiese für dieses spannende Gespräch!

Literatur

Madary M., Metzinger T. (2016): Real Virtuality: A Code of Ethical Conduct Recommendations for Good Scientific Practice and the Consumers of VR-Technology. Frontiers in Robotics and AI, 3. (http://journal.frontiersin.org/article/10.3389/frobt.2016.00003/full)
Metzinger, T. (2013): Why are dreams interesting for philosophers? The example of minimal phenomenal selfhood, plus an agenda for future research 1. Frontiers in Psychology, 4. doi:10.3389/fpsyg.2013.00746 verweisen.)
Metzinger, T. (2014): Der Ego-Tunnel. München: Piper
Wiese, W. (2016): What are the contents of representations in predictive processing? Phenomenology and the Cognitive Sciences. doi: 10.1007/s11097-016-9472-0 URL: http://link.springer.com/article/10.1007/s11097-016-9472-0

könnte die Verfügbarkeit immer besserer VR-Systeme spielen. Für viele gehört es bereits zum Alltag, in Multiplayer-Spielen im Internet mit anderen Personen in Kontakt zu treten und virtuelle Abenteuer zu erleben. VR-Systeme, bei denen sich die Bildschirme direkt vor den Augen der Nutzer befinden, steigern das Gefühl der Immersion in künstliche, computergenerierte Welten.

Ein relevanter Punkt hierbei ist, dass die Nutzung von VR-Systemen auch Auswirkungen außerhalb der VR haben kann. Das ist besonders wichtig, da die Betreiber künstlicher Welten hierdurch gezielt Einfluss auf das Verhalten der Nutzer in der realen Welt nehmen könnten. Der Philosoph Michael Madary hat gemeinsam mit Thomas Metzinger in einem

Dr. phil. Wanja Wiese
Studium Philosophie und Mathematik, Promotion über die „Einheit des Bewusstseins", Mitarbeiter und Assistent von Prof. Metzinger am Arbeitsbereich Theoretische Philosophie.

gehirn und seele

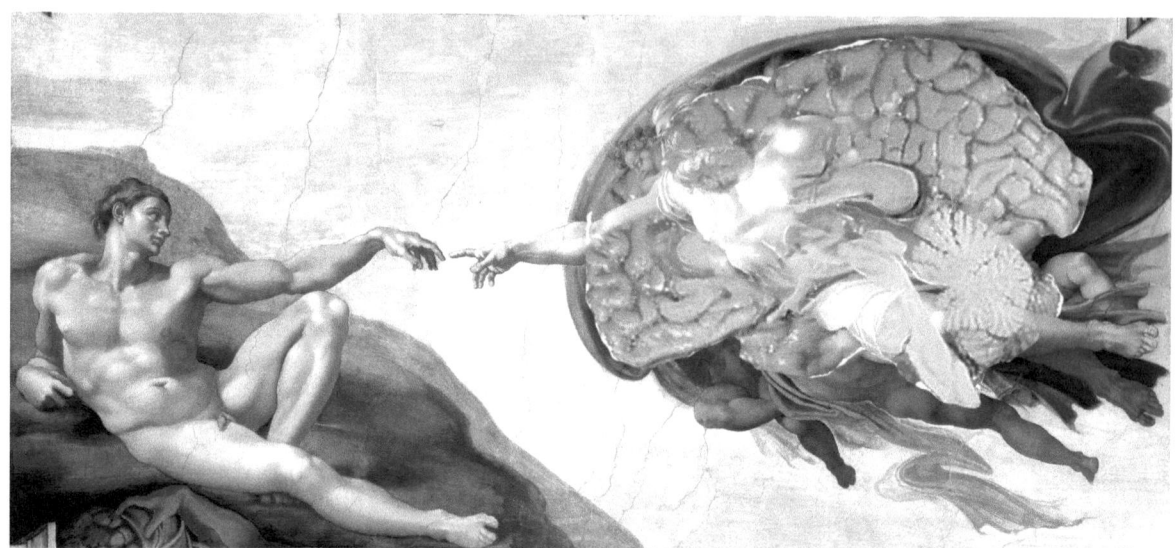

Michelangelo (1475 - 1564): Die Erschaffung Adams, sixtinische Kapelle, Vatikan. Manche haben in der Gestaltung der göttlichen Wolke auf der rechten Seite die Form eines Gehirns gesehen...

Neuro-Theologie

Wohnt Gott im Gehirn? Nachdem Neurowissenschaftler entdeckt haben, dass sich religiöse Erfahrungen auf die eine oder andere Weise im Gehirn durch magnetische, elektrische oder biochemische Stimulation hervorrufen lassen, ist die Frage nach der Funktion des Religiösen wieder neu aufgekommen: Hat Religiosität einen positiven evolutionären Sinn oder ist sie lediglich Ausdruck einer hirnorganischen Störung, eines Wahnsystems oder einer Neurose? Gibt es Hirnregionen, deren mehr oder weniger differenzierte Funktion einige begabte Menschen für vertieftes religiöses Erleben prädestinieren wie z. B. bei einer ästhetischen oder musikalischen Begabung, es anderen Menschen aber schwer machen, überhaupt zu verstehen, um was für ein Erleben es sich handeln könnte?

Die Analytische Psychologie nimmt in Bezug auf diese Fragestellungen einen offenen und zugleich radikalen Standpunkt ein, den des **Primats der Psyche**: Alles, was wir erleben und erfahren und je wissen können, ist bedingt durch das neuro-psychische System. Insofern kann es auf metaphysische Fragen z. B. nach der Existenz Gottes oder jenseitiger Dimensionen keine gültige Antwort geben. Was wir diesbezüglich erleben und aussagen können, sind immer psychische Zustände, die in uns unter bestimmten Bedingungen (Meditation, Träume, Trance-Zustände, Nah-Todeserfahrungen etc.) Gottes-Bilder oder Erfahrungen der Erleuchtung, der Einheit oder Ewigkeit erzeugen. Diese Erfahrungen haben zwar oft den Charakter von Gewissheit und endgültiger Wahrhaftigkeit, was aber nichts über deren Gültigkeit außerhalb unseres psychischen Erlebenshorizontes aussagt. Dieser Standpunkt führt in Konsequenz zu einer „spirituellen Redlichkeit" (Metzinger), die uns nichts als letzte Wahrheit behaupten lässt, was wir nicht wirklich wissen können.

Was sich aber sagen lässt, ist: Religiöse Erfahrungen gibt es als *psychische Realität* und als solche haben sie oft eine tiefgreifende Wirkung auf einzelne Menschen, Kulturen und Nationen in evolutionsfördernder wie evolutionshemmender Hinsicht. Die Unterscheidungskriterien hierfür sind: Schenken sie Sinnerfülltheit, führen sie zu Mitgefühl, Freiheit, Toleranz und Frieden, fördern sie die verantwortliche Verbundenheit des Menschen mit dem ganzen Leben und der Schöpfung, helfen sie, Not und Leid zu mildern?

Was macht die Meditation im Gehirn?

Interview mit Dr. med Tilman (Lhündrup) Borghardt im Retreathaus „Grüner Baum"

Bernd und Margarete Leibig

Ekayana – Retreathaus „Grüner Baum" in Raitenbuch bei Lenzkirch im Schwarzwald

Tilmann (Lhündrup) Borghardt ist Arzt, Psychotherapeut und Lama des tibetischen Buddhismus. Er hat bei der DGAP-Tagung in Köln im März 2016 zum Thema Psychotherapie und Spiritualität, einen Vortrag gehalten. So wurden wir auf ihn aufmerksam. Er ist 1959 geboren, der zweite von vier Söhnen einer Pfarrersfamilie, studierte Medizin, machte währenddessen auch eine Homöopathie-Ausbildung, heiratete, lernte in Freiburg bei einem Vortrag den tibetischen Lama Gendün Rinpoche kennen und setzte später bei ihm den inneren Faden

fort, der ihn seit seiner Jugend inspiriert hatte: die Meditation. Er vertiefte seine Studien über viele Jahre in tibetischer Meditation bei burmesischen und bei tibetischen Lehrern (siehe im Internet „Ekayana-Institut").

Jung Journal: Herr Borghardt, wir haben dieses Interview mit Ihnen vereinbart, weil wir für unsere Zeitschrift *Jung Journal* in unserer Herbstausgabe das Thema „Gehirn und Seele" als Schwerpunkt haben. Vielen Dank, dass Sie uns die Zeit schenken! Wir wollten mit Ihnen darüber sprechen, was Meditation im Gehirn bewirkt. Ich selbst beschäftige mich gerne mit Neurobiologie und beziehe mich auch auf das Buch von Matthieu Ricard und Wolf Singer über das Verhältnis von Meditation und Hirnforschung.

Lama Tilman (Lhündrup) Borghardt: Wir führen hier gerade in Freiburg unter optimalen Bedingungen die Forschungen von Matthieu Ricard fort, wobei wir mit einem brandneuen Hochleistungs-MRT mit 60 Spulen arbeiten können. Ein Doktorand untersucht Meditationszustände im MRT mit gleichzeitig laufendem EEG. Ich war der erste Proband. Statt eines EEGs mit 60 Elektroden war eins mit 240 Elektroden im Einsatz. Die Ergebnisse von MRT und EEG werden kombiniert. Ein MRT ist eigentlich sehr langsam. Um damit eine Veränderung der emotionalen Stimmung und Hirnaktivität sicher festzustellen, muss ein Geisteszustand etwa fünf Minuten andauern. Das EEG dagegen ist extrem schnell, hat aber eine geringe Eindringtiefe von nur etwa ein bis eineinhalb Zentimeter der Gehirnoberfläche. Man kann leider mit keinem der beiden Verfahren feststellen, wann ein einzelner Gedanke auftaucht. Es lässt sich nur erhöhte Hirnaktivität feststellen, ob das dann Denken ist, weiß man dann aus der subjektiven Beschreibung.

Jung Journal: Über das MRT können Sie feststellen, wo die Erregungsmuster vermehrt oder vermindert auftreten?

Lama Tilman (Lhündrup) Borghardt: Ja, die Forscher haben sich auf vier Hirnareale bzw. Netzwerke spezialisiert. Die Forschungsfrage ist: Was ist das Grundbewusstsein und welche Netzwerke sind da noch aktiv? Gibt es so etwas wie ein rudimentäres Grundbewusstsein, von dem man sich vorstellen könnte, dass es die Grundlage der verschiedenen Aktivitäten komplexer Hirn-Aktivität ist – ein Grundbewusstsein als Basis der vielfältigen Ausgestaltungen unserer Spezies. Präziser lautet die Frage, ob man den nondualen Geisteszustand im MRT reproduzieren kann und ob der sich

unterscheidet von den Messungen für Koma, leichte Bewusstlosigkeit, Leichtschlaf, Tiefschlaf und Träumen. Ich war eine Stunde im Scanner und trat tatsächlich in den letzten zehn Minuten in den Geisteszustand ein, den wir Mahamudra nennen oder nonduales, zeitloses Gewahrsein. Alle Zeichen, die ich aus der Meditation kenne, waren da. Ich war danach völlig frisch und währenddessen nicht in der üblichen raum-zeitlichen Orientierung. Die erste Auswertung zeigte deutlich, dass sich dieses völlig gelöste Bewusstsein deutlich von allen bisher dokumentierten Geisteszuständen unterscheidet. In den vier Haupt-Netzwerken bleibt eine stark reduzierte Grundaktivität. Vermutlich erzeugt die Reduktion auf diese geringe Grundaktivität die tiefe Erfrischung, wobei die erhaltene Grundaktivität offenbar auch bewirkt, dass ich direkt ansprechbar blieb, mich also nicht etwa in einem von den Sinnen abgeschotteten Raum aufhielt.

Jung Journal: Kann man diese Ergebnisse als Hinweis verstehen, dass es so etwas wie einen Zustand von Non-Dualität tatsächlich gibt?

Lama Tilman (Lhündrup) Borghardt: Das kann man natürlich nicht beweisen. Man kann die dualen bzw. nondualen Erfahrungen nicht direkt abgreifen, sondern nur schlussfolgern. Die Messergebnisse müssen in Korrelation zu einem subjektiven Erfahrungsbericht betrachtet werden, der wiederum mit den Erfahrungsberichten anderer Meditierender für nonduale Erfahrungen korreliert. Wenn man die drei zusammennimmt und für vertrauenswürdig hält, dann wäre die Antwort: Ja.

Jung Journal: Würden Sie sagen, das ist das, was C. G. Jung als Einheits-Erfahrung bezeichnet hat?

Lama Tilman (Lhündrup) Borghardt: Eher nicht. Die sogenannte Einheits-Erfahrung ist noch eine dualistische Erfahrung in der buddhistischen Terminologie. Die Erfahrung von „Einheit", schon allein das Wort zeigt dies, kann nur aus der Perspektive eines Vergleiches entstehen, aus einer Nicht-Einheit. Sie wird von buddhistischen Meistern dem Bereich der tief entspannten Geistesruhe zugeordnet, wo viele Menschen denken, sie hätten mystischen Erfahrungen. Irrtümlich werden diese für Gottes-Erfahrungen gehalten. Diese Erfahrungen gehen aber immer noch mit einem Vergleich zu vorherigem Erleben einher, also mit einem dualistischen Denken. Deshalb würde ich die nonduale Seinserfahrung nicht mit der Einheits-Erfahrung von C. G. Jung gleichsetzen. Darin bestärkt mich auch die Lektüre seiner Autobiografie.

Jung Journal: Wahrscheinlich kommt dies eher dem Begriff von Jungs Participation mystique nahe?

Lama Tilman (Lhündrup) Borghardt: Ich weiß nicht. Einige Mystiker wie Meister Eckhart haben offenbar wirklich nonduale Erfahrungen gemacht, die sie dann – so wie auch ich den Begriff benutzen würde – mystische Erfahrungen nannten. Viele andere haben lediglich das Ich erleichternde Erfahrungen gemacht. Dabei handelt es sich um eine weitgehende, aber noch unvollständige Reduktion der Ich-Bezogenheit mit einer fortbestehenden beobachtenden Funktion, die zwar nicht mehr kommentierend eingreift, aber still im Hintergrund da ist. Es kommt dabei zu Erfahrungen von Einheit, oder dass der Geist unendlich weit wird wie der Raum, oder dass das Bewusstsein unendlich ist; auch ein undefinierbares Gewahrsein wird beschrieben. Aber all das sind noch Erfahrungen von dualistischer Geistesruhe. Sie gehören zu den vier meditativen Versenkungen (Skt. Dhyana). Sie werden oft für Gottes-Erfahrungen gehalten und gehen typischerweise mit Faszination einher. Mir scheint, Jung war von seinen Erfahrungen fasziniert, und genau das ist ein Anzeichen dafür, dass es keine nondualen Erfahrungen waren.

Jung Journal: W. Singer hat in seinem Gespräch mit Matthieu Ricard zu bedenken gegeben, ob nicht durch die Hintertür wieder eine Dualität eingeführt wird, indem einerseits von einem reinen Gewahrsein gesprochen wird und andererseits von mentalen Konstruktionen, also Sinnkonstruktionen oder Gefühlskonstruktionen und damit eine duale Aufteilung und Spaltung erzeugt wird.

Lama Tilman (Lhündrup) Borghardt: Das ist ein Fehler vieler meditativer Schulen, dass sie das nonduale Gewahrsein für getrennt vom normalen begrifflichen Denken halten. Es ist aber möglich, Sinneswahrnehmungen, Gefühle, Denken und Intuition nondual zu erleben. Zunächst erfährt man das nonduale Gewahrsein unabhängig von Sinneserfahrungen – und diese Erfahrung weitet sich dann in die Sinneserfahrungen aus. Das nonduale Gewahrsein ist die eigentliche Natur aller geistigen Zustände, also immer da. Sehen, Hören, Fühlen, Schmecken, Riechen und auch Denken und das Wahrnehmen geistiger Bewegungen, ja auch jede Form von Aktivität, kann in diesem offenen Raum geschehen, frei von der Subjekt-Objekt-Täuschung. Allzu wenige Leute wissen von dieser Möglichkeit, in der Welt aktiv zu sein, ohne in die Subjekt-Objekt-Dualität zu fallen.

Jung Journal: Es gibt Kritik von einem unserer Redaktionskollegen, der sagte, was ist denn der Sinn der Meditation? Es ist ja ganz nett, wenn man in Abgeschiedenheit im Kloster Erfahrungen macht, und das reicht vielleicht, um im Kloster tätig zu sein, aber für weitergehende Funktionen des In-der-Welt-Seins würde das gar nicht ausreichen.

Lama Tilman (Lhündrup) Borghardt: Der Kollege hat den Nagel auf den Kopf getroffen, denn es geht nicht um Abgeschiedenheit. Es geht um Sicht, Meditation und Aktivität. Sicht bedeutet, eine Ahnung davon zu entwickeln, dass alles, was im Geist auftaucht, keinerlei Substanz hat, sondern durch und durch Prozess ist. Dieses Gewahrsein des Prozesshaften praktiziert man in der Meditation. Dadurch entstehen Erfahrungen, dass alle Gedanken, Gefühle und Sinneswahrnehmungen vorübergehende, instabile und flüchtige Phänomene sind. Auch das, womit wir uns in der Psychotherapie befassen, sind Geistesbewegungen, die von uns und den Patienten für solide gehalten und verfestigt werden. Es geht dann darum, damit wieder in Lösung, in ein gelöstes, fließendes Sein zu finden. Die Erfahrung des gelösten Seins verdichtet sich im meditativen Prozess. Und Meditation ist dann nur ein Mittel, um völlig gelöst in die Aktivität zu gehen. Der ganze meditative Weg führt in die erwachte Aktivität. Es geht darum, mitfühlend in der Welt zu sein, einzugehen auf die Gesamtsituation. Das ist das eigentliche Ziel des Weges: voll aktivitätstauglich zu sein. Dies übe ich auch hier im „Grünen Baum", wo ich mich um viele Dinge zu kümmern habe, ohne überflüssige Anstrengung und Identifikation, d. h. möglichst wenig ich-bezogenes Greifen und Fixieren. Ein gelöster Geist ist in der Lage, spontan heilsam in Situationen hinein zu wirken.

Jung Journal: So wie Sie das beschreiben, ist das also ein Übungsweg hin zu dieser Aktivität?

Lama Tilman (Lhündrup) Borghardt: Genau, ich erlebe die buddhistische Geistesschulung als einen Schulungsweg, der in die erwachte Aktivität führt.

Jung Journal: Das heißt, der spirituelle Egoismus, einfach nur für sich zu meditieren und schauen, dass ich mit mir im Klaren bin, der ist einfach zu wenig?

Lama Tilman (Lhündrup) Borghardt: Ja, das ist nur ein erster Schritt. In dem Vortrag in Köln habe ich den Weg vom Ich zum Du, vom Du zum Wir, und dann vom Wir in die mittelpunktslose Wahrnehmung der Gesamtsituation beschrieben. Zuerst haben wir eine Ich-bezogene Spiritualität, in der es darum geht, sich aus dem Schlimmsten zu befreien und die Füße auf trockenen Boden zu kriegen. In diesem Prozess vom Ich zum Du beginnt sich eine Perspektive des Wir einzustellen. Altruismus wird dann nicht mehr als ein Heilmittel für den Egoismus erlebt, sondern löst sich im

Wir auf; wir treten in eine Wir-Perspektive ein, in der ich ein nicht mehr reflektierter Teil des Ganzen bin.

In der Wir-Perspektive ist zunächst noch die Ich-Du-Wir-Sicht vorhanden, die beinhaltet, sich selbst für den Mittelpunkt des Wir zu halten. Wenn das völlig gelöste Gewahrsein vertrauter wird, löst sich auch dieses Mittelpunkts-Bewusstsein auf in ein mittelpunktfreies Wir. Man hat nicht mehr das Gefühl, „ich" muss etwas machen, sondern „es" handelt: Die Liebe handelt, die Weisheit handelt, das Mitgefühl handelt. Die Kräfte, die ohnehin in uns angelegt sind, werden freigelegt. Was wir traditionell „Schulung" nennen, ist in Wirklichkeit das Freilegen der natürlicherweise vorhandenen Qualitäten durch das Auflösen der sie verdeckenden Schleier. Die Jungianer würden das vermutlich eine sehr weitgehende Schattenarbeit nennen, das Auflösen aller Schatten, um die innewohnenden Liebeskräfte frei zu legen.

Jung Journal: Sie würden also sagen, dass dies, worüber Sie gerade sprechen, durchaus mit Psychotherapie kompatibel ist und auch ein Ziel von Psychotherapie sein kann?

Lama Tilman (Lhündrup) Borghardt: Nicht nur kompatibel, sondern eine völlige Einheit. Für mich ist das inzwischen eine unabdingbare Einheit. Das gilt genauso für Praktizierende der buddhistischen Geistesschulung wie für Therapeuten. Dieses Haus, der „Grüne Baum", in dem wir gerade sitzen, ist dazu gedacht, diese Einheit zu leben. Wir begleiten jeden, der in tiefe meditative Prozesse geht, auch mit dem therapeutischen Auge. Therapeuten haben sich bereit erklärt, Einzelgespräche mit den „Yogis" zu führen. Psychotherapie und der Weg des Erwachens wachsen zu einer gelebten und gefühlten Einheit zusammen.

Jung Journal: Sodass Sie an der Stelle die Unterscheidung zwischen Psychotherapie und Spiritualität gar nicht mehr machen. Ich hatte Sie so verstanden, dass Sie quasi die Seiten wechseln, wenn jemand zu viel im meditativen Bereich ist und der neurotische Konflikt zu sehr im Vordergrund ist, dass Sie dann zur Psychotherapie wechseln.

Lama Tilman (Lhündrup) Borghardt: Die Methode wechsle ich, während Sicht und Haltung gleich bleiben. Es geht stets darum, den Menschen zu helfen „ganz sie selbst" zu sein, ihr innerstes Potenzial erwachen zu lassen. Das ist die Haltung und zugrunde liegende Sicht. Was aber die Methode angeht, schlage ich manchmal vor: „Hey, Dir hilft es nicht allein auf dem Kissen zu sitzen, lass uns ein paar Schritte mit therapeutischen Methoden gehen." Die Praxis auf dem Meditationskissen ist manchmal nicht mehr zielführend, jemand braucht vielleicht eher etwas Austausch, Begleitung im Anschauen der Schatten und Ermutigung, in die Schatten hineinzufühlen.

Jung Journal: Das wäre in unserer Sprache das Auflösen der Komplexe?

Lama Tilman (Lhündrup) Borghardt: Ja genau. Diese Komplexe werden normalerweise beim Meditieren geschickt umgangen. Wie jeder andere auch, versuchen spirituell Praktizierende sie beiseite zu lassen. Es schmerzt, den Blick auf sie zu richten, und es gibt wenige, die dazu den Mut haben, es alleine zu tun, und die ihr Gewahrsein im Erforschen der Muster stabilisieren können. Sie weichen lieber aus in Meditationspraktiken, die geeignet sind, die schmerzhaften Muster zu umschiffen. Die Komplexe werden so nicht aufgelöst. Deswegen gibt es auch weltbekannte Lehrer, Meister, Roshis, Rinpoches mit unaufgelösten Komplexen; wenn diese berührt werden, „geht die Post ab". Das ist traurig, aber wahr – und gilt natürlich keineswegs für alle Lehrer.

Jung Journal: Wo haben Sie Ihre psychotherapeutische Ausbildung gemacht?

Lama Tilman (Lhündrup) Borghardt: Zurzeit bin ich in einer dreijährigen Pesso-Fortbildung; die passt gut zu meinem Arbeitsstil als Meditationslehrer. Im Studium lernte ich in Kliniken für Psychosomatik, Psychiatrie und Neurologie. Zudem war meine Frau Atem-Therapeutin. Jetzt bin ich seit 15 Jahren mit Wolfgang Erhardt im Austausch, ein niedergelassener Psychotherapeut in Bonn. Wir haben zusammen das Institut für Essentielle Psychotherapie gegründet, wo ich Einblicke ins psychotherapeutische Arbeiten bekam, neben meinen Einzeltherapiestunden in Freiburg.

Jung Journal: Mit C. G. Jung kennen Sie sich auch gut aus?

Lama Tilman (Lhündrup) Borghardt: Ich habe in meinen Studienzeiten Jung gelesen; er hat mich begeistert, aber ich habe nicht viel verstanden. Ich habe mich jetzt vor dem Kongress wieder mit Jungs' Autobiografie beschäftigt.

Jung Journal: Was interessant wäre, von unserem Archetypus-Begriff her zu schauen. Das zentrale Element des Archetyps ist ja die Polarität, was eine ganz große Weite und Ausgespanntsein ist.

Lama Tilman (Lhündrup) Borghardt: Das ist eine spannende Frage. Ich habe da noch keine Lösung. Mir scheint, dass diese archetypischen Polaritäten, Animus und Anima usw., aufgelöst werden können und nicht ewig bestehen bleiben. Mein Gefühl ist, dass es allmählich zu einer Lösung oder besser Transzendenz der Polaritäten kommt. Das ist eine Forschungsfrage, zu der ich in Jungs Autobiografie noch keine Antwort fand. Ich frage mich, wie es sich anfühlt, wenn Polaritäten vollkommen integriert sind.

Jung Journal: Mir fällt der Satz ein, der über der Türe von C. G. Jung in Küsnacht steht: „Gerufen und ungerufen, Gott wird da sein". Das ist doch der Archetyp der Religiosität, der Spiritualität, des Eins-Seins?

Lama Tilman (Lhündrup) Borghardt: Ja, das könnte man sagen. Sie würden aber nicht so weit gehen zu sagen, dass Gott ein Archetyp ist?

Jung Journal: Das religiöse Erleben ist ein Archetyp. – Die Möglichkeit, religiös zu erleben, ist archetypisch.

Lama Tilman (Lhündrup) Borghardt: Da könnte ich mitgehen; ich habe das Gefühl, dass ein gelöstes, offenes Gewahrsein eine Grundanlage des Menschen ist. Aber sind mit Archetypen Grundanlagen gemeint? Wenn Jung über Archetypen spricht, benutzt er oft Beispiele aus der Mythologie. Jede dieser mythologischen Darstellungen ist aber begrenzt. Gott oder das Göttliche hingegen sind unbegrenzt. Ich frage mich, wie begrenzt sind die Archetypen?

Jung Journal: Was Sie sagen, trifft auf etwas, was mich sehr beschäftigt. Jung hat die Archetypen sehr personal orientiert. Ich denke, dass das Archetypenverständnis erweitert werden muss im Sinne von psychologischen Grundkonstanten, hin zu dem, was die Menschen im Grunde ausmacht. Mein Lieblingsthema hierzu ist der Archetyp der Resonanz.

Lama Tilman (Lhündrup) Borghardt: Wenn auch das mit Archetyp gemeint ist, dann würde ich wie Sie das religiöse Erleben einen Archetyp nennen. Grundprinzipien des Seins, wie die Resonanz, sind untrennbar vom menschlichen Geist. Alles schwingt zusammen. Wenn wir den Begriff Archetyp so ausweiten, verliert der Begriff aber vermutlich etwas von seiner therapeutischen Relevanz. Es lassen sich sicherlich noch andere Grundprinzipien des Seins beschreiben, Resonanz halte ich auf jeden Fall für ein solches Grundprinzip.

Jung Journal: Für mich wäre das Grundbewusstsein, das sie eingangs angesprochen haben, auch ein Archetyp.

Lama Tilman (Lhündrup) Borghardt: Warum sollte man es Archetyp nennen? Das Grundbewusstsein ist ja sowieso überall – man kann es nicht gegen andere Archetypen abgrenzen; denn es ist die eigentliche Natur von allem. Als Post-Jungianer haben Sie vermutlich das Bedürfnis, den Begriff des Archetyps in die Diskussion über tiefe Spiritualität hinein zu nehmen. Aber vielleicht wird der Begriff dabei so gedehnt, dass er unklar wird und an Bedeutung verliert.

Jung Journal: Der Archetyp als solcher ist ja unanschaulich, er füllt sich immer mit einem Thema. Archetypen sind ja Grundthemen des Seins.

Lama Tilman (Lhündrup) Borghardt: Genau, das Grundbewusstsein ist kein Thema, denn es ist in jedem Thema zu finden. Resonanz ist auch kein Thema, weil sie in jeder Situation aktiv ist. Bei Archetypen haben wir hingegen noch Themen im klassischen Sinne.

Jung Journal: Würden Sie denken, dass im Archetypenkonzept die Dualität in Form der Polarität noch enthalten ist?

Lama Tilman (Lhündrup) Borghardt: Ja, das denke ich. Polarität ist Dualität – aber in der Dualität lässt sich immer auch der nonduale Aspekt finden, z. B. in Gefühlen wie Ärger, Wut, Eifersucht. Wir können den Blick auf diese dualen Erfahrungen richten und darin das nonduale Gewahrsein entdecken. Im selben Moment löst sich die duale Erfahrung auf. Das ist eine der Kernmethoden der Mahamudra-Tradition, das Hineinschauen ins Wesen der emotionalen Erfahrung. Dabei entdecken wir, dass das Nonduale nicht vom Dualen getrennt ist.

Jung Journal: Es macht ja von daher Sinn, aus der Psychotherapie in die Meditation zu gehen.

Lama Tilman (Lhündrup) Borghardt: Also vom Dualen ins Nonduale. Wir nennen das auch, den wahren „inneren Lama" finden – die nonduale Natur des Geistes.

Jung Journal: Was mich noch interessieren würde, ist der Umgang mit Bildern in der Meditation.

Lama Tilman (Lhündrup) Borghardt: Ja, das ist ein Steckenpferd der tibetischen Buddhisten. Wir nennen das „Visualisieren". Wir nutzen heilende Bilder, um bestimmte Wirkungen auszulösen. Wichtig sind vor allem die Selbstvisualisationen, wo wir uns selbst als Buddha sehen. Sich selbst im Vollbesitz aller Fähigkeiten zu sehen, mit voll entwickeltem Potenzial, und eine Ahnung der eigenen Buddha-Qualitäten entstehen zu lassen, hat eine hohe transformative Kraft. Wir kommen innerlich in Resonanz mit diesen Bildern und schwingen uns anders ein, als wenn wir diese Brücke der Vorstellungen nicht aktivieren würden. Alle Visualisationen waren übrigens anfangs Visionen. Ein Meister hat tiefe Transformation durch eine Vision erlebt und erzählt seinen Schülern von seiner Erfahrung, und durch das Zuhören entsteht in ihnen ein Abbild. So entstehen Visualisationen.

Jung Journal: Im Zen wird ja die „Leere" propagiert und das Ziel ist, „leer zu werden".

Lama Tilman (Lhündrup) Borghardt: Jein. Zen spricht von der natürlichen Leerheit aller Phänomene, aber es geht nicht darum, leer zu werden. Es geht darum, die Leerheit intuitiv zu „sehen". Das bedeutet zu erkennen, dass alles, was auftaucht, ohne Wesenskern ist und keine Substanz hat. Der Begriff der Leerheit bezieht sich auf die unergiebige Suche nach einem bleibenden Ich oder „Atman", also nach etwas, was die Individualität dauerhaft definiert. Das Atman-Postulat war: Es gibt eine beständige, individuelle Seele, die nach dem Tod dauerhaft weiter besteht. Diese dauerhafte, unwandelbare Seele ist nicht zu finden. Was sich beobachten lässt, ist alles Prozess. Natürlich weist jeder Prozess Merkmale von Kontinuität auf, so auch unser Gespräch. Was so kontinuierlich erscheint, ist aber ein sich kontinuierlich wandelnder Prozess ohne Substanz. Die Tatsache, dass nichts Greifbares zu finden ist, ist mit „Leerheit" gemeint: kein Wesenskern. Die Fülle des Seins als leer oder besser gesagt nicht fassbar zu erleben, ist etwas ganz anderes als der das dynamische Leben leugnende Versuch „leer zu werden".

Jung Journal: Michael Brück sagte in einem Vortrag, dass es Unsinn sei, sich um Leere zu bemühen, weil das Gehirn ununterbrochen bildert.

Lama Tilman (Lhündrup) Borghardt: Ja, unser Lebensprozess ist eine Fülle von Bildern. Das Erkennen, dass es in diesem Prozess nichts Fassbares gibt, das auch nur für den Bruchteil einer Sekunde gleich bleiben würde, das ist Leerheit – also volle Dynamik, nichts Fixes, leer von etwas Stabilem, leer von einem individuellen Selbst.

Jung Journal: Es gibt auch die Kritik, dass das Leerwerden in der Meditation ein Prozess „contra naturam" sei.

Lama Tilman (Lhündrup) Borghardt: Ja, dieses völlig verkehrte Erzeugen eines „leeren" Geisteszustandes geht gegen die dynamische Natur unseres Geistes. Es ist aber nicht contra naturam, das fixierende Greifen in jeder Erfahrung zu lösen. Das Ziel der Meditation ist, immer fließender und natürlicher in der Fülle des Seins zu leben, frei von Anhaften und Abwehren. Das ist nicht contra naturam, sondern cum naturam, also mit der Natur sein, fließen, die wahre Natur des Seins erleben, in ihrer ganzen Gelöstheit, Vielfalt und Dynamik.

Jung Journal: Die heilsamen Bilder erscheinen mir sehr wesentlich für die therapeutische Arbeit, sei es in der Traumatherapie oder in anderen Entwicklungswegen, da arbeite ich viel mit Aktiver Imagination.

Lama Tilman (Lhündrup) Borghardt: Ja, heilsame Bilder führen zu einer Änderung der Sicht, also wie wir die Situation und uns selbst wahrnehmen. Zum Visualisieren gehören übrigens auch akustische und andere Wahrnehmungen. Es sind alle sechs Sinne angesprochen. Wir könnten uns z. B. jetzt gerade vorstellen, nicht in einem Schwarzwaldgasthof zu sitzen, sondern in einem Palast der Befreiung. Das hat weitreichende Auswirkungen. Man kann das aber auf manipulierende oder auf befreiende Weise einsetzen. Es geht nicht darum, sich besser zu fühlen oder sich aus Schwierigkeiten herauszumanipulieren. Solche Selbstmanipulation ist mühsam und fällt immer wieder zusammen. Die Bilder sollten als Brücken ins natürliche Sein dienen und das freilegen, was ohnehin ist. Dann handelt es sich nicht um Manipulation. Die neue Sicht entwickelt dann aus sich heraus eine natürliche Stabilität, denn sie entspricht dem natürlichen Sein. Diese Art des Visualisierens befreit; sie holt das hervor, was ohnehin ist und sein möchte. Mit Visualisationen muss man vorsichtig sein, denn es gibt zu viele Menschen, die mit Affirmationen die Welt gut denken möchten.

Jung Journal: Würden Sie davon ausgehen, dass das Arbeiten mit Bildern ein aufdeckender Prozess ist?

Lama Tilman (Lhündrup) Borghardt: Ja, aufdeckend im Sinne von Wegräumen von dem, was blockiert, und Hervorbringen von etwas, was ohnehin in uns schlummert.

Jung Journal: Bezieht sich das Aufdecken auf die Vergangenheit?

Lama Tilman (Lhündrup) Borghardt: Ich habe das Aufdecken weniger im psychotherapeutischen Sinn des Aufdeckens von vergangenen Schwierigkeiten gemeint, sondern im Sinn des Freilegens unseres wahren Potenzials. Es ist, als würde durch die Verkrustungen hindurch etwas neu entdeckt.

Jung Journal: Unsere Kollegin Verena Kast benützt da gerne den Begriff des „Herausliebens".

Lama Tilman (Lhündrup) Borghardt: Ja, das ist ein schöner Begriff dafür, den muss ich mir merken! Es geht ums liebevolle Gewahrsein.

Jung Journal: Die Hirnforschung zeigt uns ja,

in unserem Gehirn finden wir kein Ich und kein Selbst. Und das ist in Kongruenz zu den Gedanken, die Sie äußern, dass Ich und Selbst mentale Konstruktionen sind.

Lama Tilman (Lhündrup) Borghardt: Ich sehe das „Ich" wie Anna Freud und spätere Forscher der Ich-Psychologie als einen Prozess. „Ich-Stärke" ist hierbei das Freilegen der innewohnenden Qualitäten und ein Erwachter wie der Buddha ist ein perfektes Beispiel für voll entwickelte Ich-Stärke. Ein stabiler, liebesfähiger, belastungsfähiger Mensch, der in Herausforderungen voll präsent ist, ohne innerlich zu schwanken. Geduld, Liebe, Weisheit, Mitgefühl – alles ist da. Das Ich, von dem die Ich-Psychologie spricht, ist genau das, was wir in der spirituellen Praxis stärken; dabei kommen individuelle Färbungen deutlich zum Ausdruck; denn kein Buddha ist wie der andere.

Das „Selbst" aus buddhistischer Sicht ist das, wo wir uns alle gleich sind, dieses Grundgewahrsein, mit all seinen Qualitäten. Das Selbst wäre aus dieser Sicht das Ur-Gesunde in uns, unsere gemeinsame Lebensgrundlage, wo wir nicht mehr individuell verschieden sind – unsere Buddha-Natur. Der Selbstbegriff bei Jung ist wohl ein Anderer; da müssen wir eine Brücke schlagen…

Jung Journal: Das denke ich auch, dass der Selbst-Begriff bei Jung etwas anders gebraucht wird, in dem Sinne des wirklich persönlich gemeinten Seins: Wie bist Du vom Schicksal bzw. vom Kosmos her gemeint?

Lama Tilman (Lhündrup) Borghardt: Ich würde die Aufgabe eines jeden Selbst darin sehen, frei zu werden, das ist jedermanns Grundaufgabe – also sehr allgemein. Die persönliche Lebensaufgabe des Selbst nach Jung würden wir „Karma" nennen, im guten Sinn. Ich verwirkliche gerade im Jung'schen Sinne mein Selbst hier in diesem Projekt „Grüner Baum", wo alles für mich Wichtige zusammenkommt, meine therapeutische Arbeit, die Meditation, meine Liebe zur Natur, meine persönlichen Prägungen. All das kulminiert jetzt in diesem Prozess, wo meine wirklichen Aufgaben, die Aufgaben des Selbst, Erfüllung finden können. Mein tibetischer Lehrer sagte: Du musst den Platz in der Welt finden, der deinem Karma entspricht.

Jung Journal: Herr Borghardt, vielen herzlichen Dank für dieses Interview.

Dr. med. Tilmann Borghardt
(Lama Tilmann Lhündrup)
Bei Freiburg lebender Meditationslehrer der tibetisch-buddhistischen Tradition und der Theravada Tradition. Er ist Übersetzer und Verleger buddhistischer Texte, leitete Fachtagungen zum Thema „Buddhismus und Psychotherapie" und ist Webautor www.awakeningtosanity.net für zeitgemäßen Buddhismus und Arzt. Er gründete die Stiftung „Ekayana" für zeitgemäßen Buddhismus www.ekayana.de Veröffentlichung: Tilmann Borghardt, Wolfgang Erhardt: Buddhistische Psychologie : Grundlagen und Praxis. Arkana 2016.

Der Kaiser frug den großen Meister:
„Was ist der erste Sinn der heiligen Wahrheit?"
Dharma antwortete:
„Weit aufgeräumt. Nichts Heiliges!"
Der Kaiser frug noch:
„Wer ist der, der mir gegenübersteht?"
Dharma sagte: „Ich weiß nicht."

Gespräch zwischen dem Ersten Patriarchen des Zen, Bodhi Dharma,
und dem Kaiser Wu-ti, zit. nach Der Ochs und sein Hirte, Neske, 1999, S. 132

„Wir sind aus solchem Stoff, wie Träume sind."

Das träumende Gehirn

Konstantin Rößler

„Wir sind aus solchem Stoff, wie Träume sind."
Es ist schon eine gewagte Assoziation, wenn
Shakespeare (Der Sturm, 4. Akt, 1. Szene)
ausgerechnet das substanzlose, flüchtige
Phänomen des Traums in Verbindung setzt zur
Stofflichkeit, der Materie. Aus welchem Stoff
sind dann unsere Träume? Aus welchem Stoff
besteht unser Bewusstsein im Wachen wie im
Schlaf oder im Traum? Wie ist der Traum an
die Materie, z. B. die Funktionen des menschlichen Gehirns, gebunden? Wie geht er aus ihr
hervor? Und hat das Träumen am Ende Einfluss auf die Materie unseres Körpers?

Tiefenpsychologie, Philosophie, Evolutionsbiologie und Neurophysiologie haben sich
mit dem Phänomen des Traums und seinen
Vorgängen intensiv befasst und unterschied-
lichste Modelle und Begriffe des Träumens
entwickelt. Ihren vorläufigen Antworten auf
diese Fragen nach dem Zusammenhang von
Bewusstsein und Gehirn, Traum und Stoff,
Geist und Materie soll hier im Folgenden nach-
gegangen werden.

Sind Träume sinnvoll?

*Auf den folgenden Blättern werde ich den Nach-
weis erbringen, dass es eine psychologische Technik
gibt, welche gestattet, Träume zu deuten und dass
bei Anwendung dieses Verfahrens jeder Traum sich
als ein sinnvolles psychisches Gebilde herausstellt,
welches an angebbarer Stelle in das seelische Trei-
ben des Wachen einzureihen ist.*

Dieser Satz, mit dem Freud seine *Traumdeutung*
einleitete, markiert die moderne Formulierung
der alten Tradition, Träumen einen sinnvollen
Gehalt zuzusprechen. Der Begriff vom Traum
als „Königsweg zum Unbewussten" kann als
eine Chiffre für die Auffassung gelesen werden, dass Träumen ein tieferer Sinn innewohnt.
Er wurde zur Grundlage der Traumdeutung als
einer zentralen Technik der Psychoanalyse und
tiefenpsychologischer Verfahren.

Jung löste das Traumverständnis von einer
semiotischen Beschränkung, in der Traum-
symbole schematisch bestimmten verdrängten Inhalten zugeordnet wurden, und erweiterte das Deutungsspektrum erheblich, indem
er das Traumgeschehen als Manifestation ar-
chetypischer Inhalte verstand und als symbolischen Ausdruck individuell und kollektiv unbewusster Dynamiken auffasste. Die historische
Linie dieses Konzepts sinnstiftender Träume
lässt sich zurückverfolgen bis ins alte Ägyp-
ten, wo die Welt des Traums eine Begegnung
mit dem Göttlichen bedeutete.

Im antiken Griechenland wurde den Träumen darüber hinaus eine heilkräftige Wirkung
zugesprochen. So galten die Träume im Heil-
schlaf der Asklepeien und die Deutung ihres
Sinngehalts als eine der mächtigsten Methoden zur Wiedererlangung der Gesundheit.

Noch im Mittelalter wurde der Traum verstanden als eine Begegnung mit einer trans-
zendenten Welt des Todes und einem jensei-
tigen Leben. Erst mit der Aufklärung begann
in der Betonung der Ratio und des Wachbewusstseins eine völlig neue Bewertung des
Traumphänomens als Zeichen des Wahn-
sinns. In der Nachfolge bezeichnete Schopenhauer den Traum als kurzen Wahnsinn und den
Wahnsinn als langen Traum.

In den 50er Jahren des 20. Jahrhunderts entmystifizierten schließlich Aserinsky und Kleitman mit der Entdeckung des REM-Schlafs den Traum als Entladung eines chaotischen Neuronengewitters im Gehirn ohne tiefere Bedeutung.

Beide Konzepte – Sinn versus Unsinn der Träume – stehen sich bis heute antithetisch gegenüber: einerseits die von vielen Menschen intuitiv geteilte, tiefenpsychologische Hypothese vom Traum als Zugang zu einem tieferen Sinn, andererseits die auf empirisch-naturwissenschaftlichen Methoden beruhenden Vorstellungen der neurophysiologischen Bewusstseinsforschung, für die der Traumvorgang von hohem Erkenntnisinteresse ist, die jedoch einen Sinngehalt der Träume verneint.

Was geschieht im Gehirn, wenn es träumt?
Anhand der EEG-Wellen lassen sich fünf Schlafphasen unterscheiden, eine Einschlafphase, ein leichter Schlaf, zwei unterschiedlich intensive Tiefschlafphasen und der REM-Schlaf. Letzterer wurde lange Zeit als einzige Phase angesehen, in der das Gehirn tatsächlich träumt. Neuere Ergebnisse haben jedoch nachweisen können, dass auch in den Tiefschlafphasen geträumt wird, jedoch bestehen an diese Träume kaum Erinnerungen.

Überhaupt ist das Gehirn aus neurophysiologischer Sicht während des Schlafs überraschend aktiv. Zwar besteht eine Hemmung motorischer Neuronen, so dass die Muskulatur im Traumschlaf nicht aktiviert wird - so bleibt der Schläfer ungestört, - jedoch sind zahlreiche Areale vom Hirnstamm bis zur Rindenregion beteiligt.

Damit der „innere Film" eines Traums abgespielt werden kann, müssen Anteile der Sehrinde ebenso aktiviert sein wie das limbische System einschließlich der Amygdala, die die emotionale Einfärbung verantwortet, wie auch Repräsentationen von motorischen, sensorischen und Sprachregionen. Erlebt der Träumer doch seine eigene Anwesenheit im Traum mit allen körperlichen Sensationen und Sinneswahrnehmungen in der Überzeugung, sich im Wachbewusstsein zu bewegen.

Allan Hobson, Professor für Psychiatrie an der Harvard Medical School, der derzeit sicherlich versierteste Vertreter der neurophysiologischen Bewusstseins- und Traumforschung, beschreibt die Vorgänge im träumenden Gehirn während des REM-Schlafs als vom Hirnstamm erzeugte Entladung, die chaotische Trauminhalte hervorbringt. Diese müssen nun von höher liegenden Rindenarealen, insbesondere im Frontalhirn, zu einem Narrativ, einer „stimmigen Geschichte" integriert werden: „Das Vorderhirn gibt unter diesen Umständen einfach alles, was es kann."

Das Ergebnis dieser Anstrengung sei aber eher zweifelhaft und ob man damit etwas anfangen wolle, müsse jedem selbst überlassen bleiben, von wissenschaftlichem Interesse sei es zumindest nicht. Träumen ist nach Hobson vielmehr das „subjektive Erleben unserer Gehirnaktivierung in jedem Schlafzustand". Offenbar gibt es auch für die Traumtätigkeit unentbehrliche Hirnareale, wie man aus Berichten von Schlaganfall- oder Split-brain-Patienten weiß, deren Träume ausblieben, wenn diese Regionen nicht mehr funktionsfähig waren.

Aus evolutionsbiologischer Sicht stellt sich die Frage, ob Träume überhaupt irgendeinen Nutzen für die Anpassung an Lebensbedingungen besitzen, selbst wenn davon auszugehen ist, dass auch andere Säugetiere träumen. Traumerleben könnte danach lediglich ein Epiphänomen sein, auf das Säugetiere wie Menschen auch verzichten könnten, was damit begründet wird, dass wir uns an unsere Träume nur selten erinnern können.

Diese Argumentation erscheint jedoch wenig überzeugend, setzt sie doch voraus, dass nur das, was auch im Wachbewusstsein verfügbar ist, von Nutzen sein kann - eine durch nichts zu belegende Annahme. Dagegen spricht auch, dass ein sich im Schlaf selbst aktivierendes Gehirn durchaus Vorteile bringen könnte. Denn es gibt zahlreiche Nachweise, dass im Schlaf und insbesondere in bestimmten Formen des Träumens, motorisches Lernen möglich ist, dass sich neuronale Verknüpfungen neu ordnen, wichtige Stoffwechselregulierungen stattfinden und das Immunsystem gestärkt wird.

Für Hobson ist das Träumen vor allem unter wissenschaftlichen Fragestellungen interessant, als „eine hochspezialisierte Form bewussten Erlebens (...), mit deren Hilfe man die Hirnaktivität, die zu Bewusstsein führt, besser verstehen kann, gleichgültig, ob im Wachzustand oder im Schlaf."

Doch der Stoff, aus dem Träume sind, übt offensichtlich eine Faszination aus, die sich durch ein rein wissenschaftliches Interesse an ihnen nicht beseitigen lässt. Denn interessanterweise gesteht Hobson ein, dass ihn diese Sichtweise nicht davon abhält, seine eigenen Träume „mit großem Vergnügen" zu erinnern und selbst zu deuten. Den Wert von Traumdeutungen erkennt er darin, dass sie einen bereichernden Austausch zwischen Emotion und Kognition ermöglichen, einen symbolischen Gehalt spricht er ihnen dagegen ab.

„Klarträume haben einen schlechten Ruf" – Philosophie und Psychonautik

Thomas Metzinger, Professor für Theoretische Philosophie an der Universität Mainz und einer der wichtigsten Vertreter der Philosophie des Geistes, hat mit *Der Ego-Tunnel* ein viel beachtetes Buch vorgelegt, in dem er ein weitreichendes neues Konzept des Bewusstseins entwickelt. Dieses beruht jedoch nicht allein auf klassischer philosophischer Spekulation, sondern auf einer engen Verknüpfung der Philosophie mit den auf der Basis des naturwissenschaftlichen Paradigmas erworbenen Ergebnissen der Hirnforschung. Aus eben dieser Perspektive stammt sein Interesse am Phänomen des Traums, insbesondere an Klarträumen als einem ganz eigenen und besonderen Bewusstseinszustand. Der Autor bezieht auch eigene Erfahrungen mit Träumen ein und bezeichnet sich als Psychonaut.

Metzingers Begriff vom Bewusstsein kommt, sehr vereinfacht dargestellt, zu dem Schluss, dass kein eigenständiges Selbst existiert- Selbst verstanden im Sinne des psychologischen Selbstkonzepts, das das Gefühl einer Ich-Identität erzeugt und zur Selbstreflexion

befähigt ist, nicht im Sinne des Selbst der Analytischen Psychologie. Selbst, Gefühl der Meinigkeit und Ich-Perspektive sind demnach vielmehr Merkmale des menschlichen Bewusstseins, die als notwendige Funktion von unserem Gehirn erzeugt werden.

Ein Selbst in diesem Verständnis ist ein phänomenales Selbst, nach Metzinger ein geniales Konstrukt der Evolution, das den Menschen als einziges Wesen dazu befähigt, selbstreflexiv zu sein und sich selbst in der Welt bewusst zu erleben. Anders formuliert: Das Gehirn erschafft gleichzeitig ein Modell der Welt und ein Modell des Selbst, so dass ein subjektives Erleben in der Welt möglich wird, das wir Bewusstsein nennen.

Träume sind vor diesem Hintergrund deswegen in besonderer Weise interessant, weil in ihnen dieses phänomenale Selbst zwar ebenfalls vom Gehirn erschaffen wird, jedoch mit einem im Vergleich zum Wachbewusstsein wesentlich schwächeren Traum-Ego, das nicht mehr klar denken oder willentlich agieren und seine Aufmerksamkeit konzentrieren kann „wie jemand, der einen Vollrausch hat".

Bestimmte Sinneseindrücke wie Schmerz, Temperatur, Geschmack und Geruch dieses desorientierten und im Denken und Wollen hochgradig instabilen Traum-Egos seien seltener als im Wachen. Viele Gefühlsqualitäten seien jedoch für dieses Traum-Selbst wesentlich intensiver und häufiger und gelegentlich greife es auf Informationen über sich selbst zu, die ihm im Wachbewusstsein nicht zur Verfügung stünden. Der entscheidende Unterschied zwischen den beiden Bewusstseinszuständen im Wachen und im Traum bestehe darin, dass das Traum-Ego in einem „metakognitiven Defizit", einer Art Wahn, gefangen sei, in dem es nicht erkennen kann, dass das gerade erlebte Geschehen von ihm selbst erzeugt wird.

Was geschieht in Klarträumen? Eine Metaebene

Nun gibt es aber eine Weise des Träumens, in der es gelingen kann, dass sich das Traum-Ego der Tatsache bewusst wird, dass es träumt. Diese Weise des Träumens, die als Klarträume oder luzide Träume bekannt geworden sind, bedeutet, dass sich der Träumer auf einer Art Metaebene völlig gewahr ist, dass er gerade träumt. Er kann die Geschehnisse der Traumwelt bewusst steuern und ist ihnen nicht nur ausgeliefert, auch Fähigkeiten, die im Wachbewusstsein nicht zur Verfügung stehen, können in diesem spezifischen Bewusstseinszustand ausgeführt werden, z. B. Fliegen, und unangenehme oder bedrohliche Wendungen des Traumgeschehens können willentlich verändert werden.

Im Anschluss an den Traum besteht eine weitgehend vollständige Erinnerung an das Erlebte. Damit kann ein Mensch im Traum eine Erfahrung machen, die ihm im wachen Bewusstsein nicht möglich ist, nämlich: Alles, was ich gerade erlebe, ist ein virtuelles Konstrukt meines Gehirns; diese Traumgeschichte, in der ich mich gerade bewege, muss ein Vorgang sein, den mein Gehirn in diesem Moment entwirft. So werden wir uns im Träumen genau der Tatsache bewusst, die uns im Wachbewusstsein ständig begleitet, die wir aber nicht wahrnehmen, der Tatsache nämlich, dass alles Erleben ein momentaner Entwurf des Gehirns ist.

Klarträume sind für Metzinger daher ein Modell der Art und Weise, wie unser Bewusstsein im Wachzustand funktioniert. Sie erleben zu können, erweitert unser Bewusstsein um einen ganz zentralen Aspekt. Nun sind Klarträume angeblich eher selten, widerfahren einem oder auch nicht und lange war ihre Existenz umstritten.

Zwar gibt es traditionsreiche meditative Praktiken wie das Traumyoga, die luzides Träumen einüben, und Klarträume wurden zum Gegenstand von Literatur und Film, wie in den Büchern von Carlos Castaneda in den 1970er Jahren oder dem oscarprämierten Cyberthriller *Inception* mit Leonardo DiCaprio von 2010. In Inception spielt Leonardo DiCaprio einen Cyber-Agenten, der sich in die Träume und das Unbewusste von Zielpersonen hackt, um diese zu manipulieren. Im Laufe des raffinierten Plots dringt er immer tiefer in die Welten

Die Romane des Carlos Castaneda haben in 70er Jahren des 20. Jh die New-Age-Bewegung nachhaltig beeinflusst und die Sehnsucht vieler jugendlicher nach veränderten Bewusstseinszuständen, wie z. B. dem luziden Träumen, geweckt.

des Unbewussten ein, bis zum Schluss weder er selbst noch der Zuschauer gewiss sein können, ob er sich in einem Zustand des Wachbewusstseins oder des Träumens befindet. Um diese Frage zu klären, stößt er am Ende in einer berühmt gewordenen Szene einen kleinen Kreisel an. Gehorcht dieser den physikalischen Gesetzen der Welt des Wachbewusstseins und fällt um, sobald ihn die Rotationskraft nicht mehr stabilisiert, dann befindet er sich in einer realen Welt, dreht sich der Kreisel immer weiter, ist alles virtuell. Die Kamera zeigt in der letzten Einstellung des Films diesen sich drehenden Kreisel – und schaltet ab.

Die wissenschaftlichen Nachweise von Stephen LaBerge aus den 1980er Jahren werden von der wissenschaftlichen Community jedoch angezweifelt. Andererseits lassen sich luzide Traumtechniken nachweisbar erfolgreich einsetzen, z. B. um komplexe Bewegungsabläufe bei Sportlern zu optimieren oder aber um Alpträume von Patienten mit posttraumatischen Belastungsstörungen zu behandeln.

Experimente von Paul Tholey, dem wichtigsten deutschen Klartraumforscher, aus den 1980er Jahren zeigten, dass die Versuchspersonen im luziden Traumzustand zuvor gestellte Aufgaben in der Begegnung mit den Traumgestalten korrekt ausführen konnten. Er kommt zu dem Schuss, dass man „so mit Traumgestalten kommunizieren soll, als seien sie reale Wesen" . Hier wird schon die Nähe dieses besonderen Bewusstseinszustands im Klartraum zur Aktiven Imagination deutlich. Auch hier wird dem imaginierten Gegenüber begegnet, als handele es sich um eine reale Person. So ließe sich über eine mögliche Reihenfolge von Bewusstseinszuständen mit einem unterschiedlichen Grad an Wachheit und Ich-Steuerung spekulieren: Wachbewusstsein – Aktive Imagination – Klartraum – Traum.

Nach Untersuchungen des Mannheimer Traumforschers Michael Schredl weisen diverse Kollektive in sehr unterschiedlichem Maß von 25 Prozent bis über 80 Prozent Erfahrungen mit luziden Träumen auf. Allerdings eignen sich nur zwei bis drei Prozent der Befragten als Versuchspersonen für wissenschaftliche Experimente mit dem Klarträumen, indem sie mehrmals pro Woche luzide Träume erleben.

So scheint es zwar im Klarträumen Naturbegabungen zu geben, jedoch kann das luzide Träumen auch erlernt und eingeübt werden. Metzinger geht so weit, dass diese Fähigkeit im Schulunterricht trainiert werden sollte, weil es eine Bewusstseinserweiterung bewirke, die für die Gesellschaft wünschenswert wäre. Als Anleitung zum Erlernen des Klarträumens empfiehlt er in Anlehnung an Tholey im wesentlichen folgende Trainingsübung:

Mehrmals am Tag solle man sich einem Realitätscheck unterziehen, in dem das Wachbewusstsein überprüft, ob es wirklich wach ist. Man solle sich fragen, ob die aktuelle Situation, die Szenen die man gerade beobachtet,

mit den physikalischen Gesetzen des Wachbewusstseins übereinstimmen, und sich vergewissern, dass das Ich sich offenbar in diesem Moment gerade nicht im Traumzustand befinde. Wird diese Übung fünf bis sechs Mal am Tag über etwa eine Minute durchgeführt, erhöhe sich die Rate an Klarträumen.

Die Einübungszeit sei individuell unterschiedlich lange, betrage aber oft nur wenige Tage. Belohnt werde man mit dem zutiefst faszinierenden Erlebnis, die Geschehnisse im Traum bewusst kontrollieren zu können. Schredl berichtet, dass er nach einigen Tagen der Übung luzide Anteile im Traum erkennen konnte. Mit dieser Übung scheinen bestimmte Zentren im Gehirn trainiert zu werden, insbesondere das Areal des ansonsten während des Träumens deaktivierten dorsolateralen präfrontalen Cortex. Dieser ist vermutlich verantwortlich für die Steuerung durch das Ich im Wachbewusstsein. Seine Aktivierung während des Träumens soll bewirken, dass der Träumer nun gezielt im Traumgeschehen handeln kann.

Klarträumen - ein Selbstversuch
Durch die Anleitung zum Klarträumen natürlich neugierig geworden, übte ich den Realitätscheck wie angegeben einige Male am Tag im Wachbewusstsein aus. In der ersten Nacht stellte sich folgender Traum ein: *Ich war beteiligt an einem Pferdetransport. Wir hielten vor meiner alten Schule. Kaum wurde die Tür des Pferdeanhängers geöffnet, sprang ein großer dunkler Hengst mit einem gewaltigen Satz heraus und raste los. Reflexartig fuhr ich herum und griff dem vorbei rennenden Pferd mit der Hand ins Maul.*

Es schoss mir durch den Kopf, dass das sehr gefährlich war, weil es mir die Hand abbeißen könnte, aber gleichzeitig wusste ich, dass das die einzige Möglichkeit war, es zu zähmen. Und tatsächlich beruhigte sich das Tier sofort und ich konnte es ganz ruhig zu einem Mann führen, der der Bruder des Besitzers war.

Ich übergab ihm das Pferd, doch kaum hatte ich es aus der Hand gegeben, fing es an, aus dem Stand heraus wild in die Höhe zu sprin-

gen. Es sprang dabei so hoch, dass ich dachte, das kann ein Pferd doch gar nicht. Etwas enttäuscht, dass das Pferd nun wieder ungebändigt war, sah ich mich zum Bruder des Besitzers um. Der meinte ganz gelassen, wir müssten nur etwas warten, das sei immer so, nach einiger Zeit würde sich das Pferd von alleine wieder beruhigen.

Hatte etwa mein Frontalhirn aus den in der REM-Phase chaotisch heranstürmenden Neuronengewittern des Hirnstamms das Bild eines wilden Pferdes gemacht? Und war mein Zähmungsversuch Ausdruck einer vorübergehenden angedeuteten Kontrolle des Traum-Ichs über das Geschehen? Immerhin gab es diesen Gedanken, dass das doch eigentlich gar nicht möglich ist, also so etwas wie eine Ahnung von Realitätsbezug.

Wer aber ist dann der Bruder des Besitzers und vor allem: wer ist der Besitzer des Pferdes? Offenbar gibt es da subjektstufige Instanzen, die ganz gelassen bleiben angesichts der Ungezähmtheit und Energie, in dem Wissen, dass sich das alles von alleine beruhigt.

Der Traum hinterließ jedenfalls die Einsicht, dass ich im Grunde gar nichts dagegen habe, dem Traumgeschehen in gewisser Weise ausgeliefert zu sein, und es gar kein Bedürfnis gibt, das kontrollieren zu wollen, denn offenbar sind da schon recht verlässliche Anteile zugange, die das für mein kleines Ich übernehmen.

Klarträumen - der Nova Dreamer

Eine andere Methode, das Klarträumen einzuüben, ist ein Gerät namens Nova Dreamer, mit dem Metzinger selbst experimentiert hat. Es handelt sich um eine Art Augenmaske, die die Augenbewegungen während des REM-Schlafs registriert und in einer Art Biofeedback in diesen Phasen sanfte Lichtblitze aussendet, die durch die geschlossenen Lider wahrgenommen werden und bewirken sollen, dass sich Bewusstseinszentren im Gehirn während des Träumens aktivieren.

Metzinger berichtet von einem eigenen Traum unter dem Nova Dreamer, in dem er als Astronaut in einem Raumschiff auf den

seit Jahren vorbereiteten Start ins All wartet. Doch beginnen plötzlich überall rote Lichter zu blinken, eine Stimme ruft: „Irgendetwas muss schrecklich schiefgegangen sein." - und der Start misslingt. Überhaupt, merkt er ironisch an, hätten ihm seine Versuche mit dem Klartraum-Gerät lediglich eine Serie schrecklicher Alpträume beschert.

Nach Metzingers und Hobsons gemeinsamer Auffassung ist die psychoanalytische Methode symbolischer Traumdeutung gemäß dem aktuellen Forschungsstand obsolet. Unternimmt man trotzdem den Versuch, diesen Traum subjektstufig zu verstehen, drängt sich doch die Interpretation auf, dass es bei diesem Plan, mit dem luziden Träumen in neue Welten einer Kontrolle über unbewusste Impulse vorzudringen, irgendeinen Fehler in den Startbedingungen geben muss, der die Warnlichter aufblinken lässt und das Abheben verhindert.

Der Stoff und die Träume

Wie sich aus dem praktischen Einsatz der Klarträume bei Sportlern oder traumatisierten Patienten erkennen lässt, können offenbar Träume auch Einfluss nehmen auf somatische und seelische Vorgänge, weisen Traum und „Stoff" eine Verbindung auf, in der nicht nur die materielle Funktionseinheit Gehirn Träume erzeugt, sondern auch umgekehrt Körper und Psyche auf Traumvorgänge reagieren.

In ihrer praktischen therapeutischen Anwendung erweist sich die Traumdeutung der Psychoanalyse und Tiefenpsychologie seit über hundert Jahren als eine effiziente Möglichkeit, mit unbewussten Impulsen in Verbindung zu treten und sich mit ihnen auseinanderzusetzen, sie im Bewusstsein wirken zu lassen und dieses nachhaltig zu verändern. Dieser Vorgang wird in Psychotherapien wie in Lehranalysen überwiegend als bereichernd, entwicklungsfördernd und in vielen Fällen als unverzichtbar erlebt.

Demgegenüber stehen die beschriebenen Auffassungen der Neurophysiologie, Evolutionsbiologie und Philosophie, die im Träumen ebenfalls eine wichtige Funktion erkennen,

gehirn und seele

dem Traumgeschehen jedoch jeden symbolischen Gehalt absprechen. Das ist nicht weiter überraschend, da zum einen eine hermeneutische Methode wie die Traumdeutung niemals den Kriterien der evidenzbasierten Empirie entsprechen kann und qualitative Merkmale einer quantitativen Messung hier nicht zugänglich sind.

Zum anderen basiert diese Unvereinbarkeit aber auch auf einer gegensätzlichen Weltanschauung, die sich zumindest annäherungsweise mit der Opposition von Materialismus versus Idealismus fassen lässt. Die Frage nach dem Wesen der Träume muss also auch angesichts des aktuellen wissenschaftlichen Stands offen bleiben und Shakespeares Bild von der Stofflichkeit der Träume behält in seiner Paradoxie Gültigkeit.

Literatur:
Freud, S. (1900/1972/2000): Die Traumdeutung. Gesammelte Werke, Bd. 2. Frankfurt am Main: Fischer
Metzinger, T. (2014): Der Ego-Tunnel. München: Piper
Schopenhauer, A. (1874): Parerga und Paralipomena. Leipzig
Schredl, M., Erlacher, D. (2004): Lucid dreaming frequency and personality. In: Personality and Individual Differencies 37, S. 1463-1473
Tholey, P. (1985): Haben Traumgestalten ein Bewußtsein? Eine experimentell-phänomenologische Klartraumstudie. In: Gestalt Theory, 7/1985. S. 29-46.

Konstantin Rößler
Dr. med., geb. 1965, Facharzt für Innere Medizin, Psychoanalytiker in eigener Praxis, Dozent am C.G. Jung-Institut in Stuttgart. Interessensschwerpunkte: Analytische Psychologie und Grenzgebiete; Synchronizität, Jung-Pauli-Dialog.

Der Kreisel aus dem Film „Inception": Wenn er sich fortlaufend dreht, bedeutet es, dass man sich noch im Traumzustand befindet. Träumen wir jetzt noch oder sind wir schon wach?

Filminterpretation

MATRIX

Über das richtige Leben im Falschem

Was Adorno, Freud und Jung mit Science-Fiction zu tun haben

Volker Münch

Was ist wirklich?

Der Kerngedanke der *Matrix*-Filmtrilogie ist die Frage nach der Gültigkeit unserer Wirklichkeitswahrnehmung. Wir kennen die Frage aus der Philosophie. T. Adorno stellte in den 1960er Jahren fest, dass es „kein richtiges Leben im Falschen" geben könne. Dies zielte auf die Feststellung ab, dass das Leben in einer kapitalistisch und arbeitsteilig organisierten Gesellschaft seiner Ansicht nach als entfremdet angesehen werden muss.

Unter dem Vorzeichen der weiter technisierten Welt, in Zeiten des digitalen Wandels, der Gentechnik thematisiert die *Matrix*-Trilogie diese Frage erneut und grundsätzlicher. Ich möchte die Frage nach der Realität der Realität und damit die Feststellung der Relativität der subjektiven Wahrnehmung auch in Verbindung mit dem Aufkommen der Neurowissenschaften in Zusammenhang bringen.

Immer wieder wird in Verbindung mit dem Thema Cyberworld die Befürchtung geäußert, dass wir uns zu sehr in virtuelle Welten flüchten könnten – heraus aus der Realität.

Was macht Realität zur Realität?

Freud hat das Realitätsprinzip beschrieben, womit er meint, dass wir uns nicht nach dem Lustprinzip verhalten können, da es gesellschaftliche oder familiäre Regeln gibt. Die Anpassung an die Realität war jedoch vor über hundert Jahren eine andere Sache. Sie war offensichtlich erforderlich und diese Ansicht

Matrix (Originaltitel: The Matrix) ist ein Science-Fiction-Film aus dem Jahr 1999. Im Mai 2003 folgte die Fortsetzung mit Matrix Reloaded und im November 2003 der dritte Teil Matrix Revolutions.

wurde von den meisten geteilt. Das Individuum wurde nicht derart in den Vordergrund gestellt. Man ging davon aus, dass die Gesundheit des Einzelnen, aber auch eine funktionierende Gesellschaft ganz klar von der Dominanz des Realitätsprinzips abhängt.

Wir wissen heute, dass es dazu sehr viel innerer Prozesse und auch einer ausreichenden Respektierung der triebhaften und fantasiebetonten Aspekte unseres psychischen Lebens bedarf.

Mit anderen Worten: zur psychischen Gesundheit gehört auch eine immer wieder notwendige „kleine" Flucht in Fantasie und Imagination.

Stichwort „Imagination"

In der Analytischen Psychologie C. G. Jungs wird der Imagination eine große Bedeutung für die psychische Gesundheit des Einzelnen beigemessen. Wer auf das höre, was innere Bilder und Einfälle ihm sagten, der könne sich auf diese Weise stimmiger entwickeln und so mehr Zufriedenheit und Selbst-Gewissheit erreichen. Filme wären demnach eine nach außen projizierte innere Wirklichkeit, in denen auch neue, bislang nicht vorhandene Lösungswege dargestellt und dann mithilfe von Identifikation und Imitation ausprobiert werden könnten.

Der Held unseres Filmes, Neo, versucht - Nomen est Omen - etwas Neues. Er möchte aus dem herrschenden System aussteigen, ja, er möchte es zerstören, da er darin eine große Quelle der Ungerechtigkeit und des Leids sieht. Als Psychoanalytiker fragen wir auch immer wieder, inwiefern die Gesellschaft, in der wir und unsere Patienten leben, unsere psychische Gesundheit und Reifung fördert oder eher behindert. Auch wir beklagen Zustände, die offensichtlich unzulänglich sind und einen oft schwierigen Spagat von uns verlangen. Wir alle bewegen uns ständig zwischen Anpassung, um dafür belohnt zu werden, und Auflehnung und Widerstand, um uns ein Gefühl der Selbstbestimmtheit und Individualität zu verschaffen.

Matrix macht uns mit der unauflöslichen Paradoxie vertraut, dass wir, unabhängig von welchen Ausgangsbedingungen wir starten, immer nur das zu erkennen in der Lage sind, was unsere „Hardware" hergibt. Letztlich stellt sich die Frage, inwieweit wir, auch wenn wir annehmen, dass wir als Individuen eine freie Wahl haben, nicht doch auch von etwas Größerem wie etwa Freuds Unbewusstem oder Jungs „kollektivem Unbewussten" oder gar von etwas Schicksalhaftem bestimmt sind. Immer wenn uns die Erklärungen für den Lauf der Dinge oder unser eigenes Verhalten ausgehen, scheinen wir uns solcher Erklärungsmuster durchaus gern zu bedienen.

Die politische Dimension des Unbewussten

Der Film berührt somit auch die politische Dimension des Unbewussten. Sobald ich merke, dass nicht nur ich selbst durch mir unbewusste Prozesse gesteuert werde, sondern diese auch in analoger Form über gesellschaftlich verankerte Verdrängungen, Spaltungen und Verleugnungen Ungerechtigkeit und Herrschaft aufrecht erhalten, bekommt mein Wissen über diese psychischen Kräfte eine ausgeprägt politische Note. Wir alle erleben im Alltag, in der Gesellschaft und der Politik den immer während Streit zwischen diesen Kräften des Narzissmus und der Macht einerseits und der Besonnenheit und Empathie unter den Menschen andererseits.

Der Hirnforscher Gerald Hüther und andere haben in den vergangenen Jahrzehnten dazu beigetragen, dass wir mehr als früher in der Lage sind zu erkennen, dass uns unser Gehirn eine relative, eine virtuelle Welt erleben lässt. Die Veränderungsprozesse einer Psychotherapie lassen sich zu einem guten Teil auf diese Fähigkeit des Gehirns zur Plastizität zurückführen. Mehr noch: Unsere gewachsene Fähigkeit der Selbstreflexion bewirkt eine neue Perspektive auf unser Erleben, was eine Vielzahl von neuen Sicht- und Handlungsweisen eröffnet.

Man könnte also Neos Erwachen im Film auch auf die sich bereits zur Entstehungszeit des Films 1999 abzeichnende veränderte Selbstsicht des postmodernen Menschen beziehen, mit all ihren Konsequenzen. Aber auch das politische Bewusstsein ist ganz maßgeblich davon beeinflusst, was wir als „normal" anzusehen gelernt haben. Ein erneuertes Bewusstsein für die eigene Wahrnehmung kann nicht nur für die eigene Person, sondern auch für ihr Eingebettetsein ins soziale und gesell-

Neo im Kampf mit seinem Widersacher aus der Matrix, Agent Smith

schaftliche Umfeld sehr bedeutsam sein. Man könnte soweit gehen – und das sich gerade wandelnde Bewusstsein über die Folgen der Ungerechtigkeiten der Weltordnung auch mit diesem wachsenden Bewusstsein über das eigene Bewusstsein in Verbindung bringen.

Die Reise des Helden

In der Analytischen Psychologie wird bekanntermaßen die Heldenreise als Symbol für den Individuationsprozess beschrieben. Damit ist gemeint, dass die in vielen Erzählungen (etwa in der *Odyssee* Homers oder in *Herr der Ringe* von Tolkien) stattfindende Reise symbolisch die inneren Konflikte und Veränderungsprozesse zur Darstellung bringt und etwa in Filmen symbolisch nach außen projiziert. Die vielen Schwierigkeiten und Hindernisse, denen der üblicherweise männliche Held dabei begegnet, werden günstigenfalls nach und nach überwunden.

Essentiell für die Lösung des Zweifels an uns selbst und der Welt ist die Entdeckung der Liebe: nicht in einem kitschigen Sinn, sondern als Liebe zu sich selbst, als Selbstannahme und dann als die Fähigkeit, einen anderen Menschen so anzunehmen, wie er oder sie ist, unabhängig von Projektionen.

Im Film lernt Neo die Liebe über Trinity kennen, deren Glaube an ihn ebenfalls symbolisch in ihrer Namensgebung dargestellt wird. Die theologische Figur der Dreifaltigkeit Gottes („Trinity") erinnert Psychoanalytiker auch an die zur Entwicklung notwendige Triangulierung, die dreiseitige Beziehung, die allein aus der sich selbst genügenden Symbiose oder einer allzu innigen Dyade hinausführt.

Für C. G. Jung war die Verbindung des Menschen zu seiner Seele, also dem Teil, den er nicht selbst macht und manipulieren kann, der ihm sozusagen gegeben ist (ein anderes Konzept als das der „Psyche"), diesem Teil, den er „Anima" nannte, wichtig. Männern gelänge es oft nur über die Identifikation mit einer weiblichen Figur, sich der eigenen Seele anzunähern, sprich seine Bestimmung zu finden.

In dieser Hinsicht führt der Tod von Trinity in *Matrix* ähnlich wie der Fortgang von „Frodo" in *Herr der Ringe* zur Erkenntnis der wahren Bestimmung des Helden: Neo führt den angesichts der Übermacht des Todes eigentlich sinnlosen Kampf weiter, Sam kommt heim, heiratet und ist zufrieden mit seinem einfachen Leben.

Die Figuren von Trinity und Frodo sind somit letztlich Konstruktionen, die der Seele des

Helden ein Weiterwachsen ermöglichen. Man denke nur an das gewachsene innere Zutrauen, wenn wir uns der Liebe eines Menschen sicher sind oder uns unserer Freunde erinnern.

Matrix – der positive und negative Mutterarchetyp

Es gibt in der Öffentlichkeit das Vorurteil, die Psychoanalyse würde sich ausschließlich mit der Vergangenheit befassen und da nur mit dem Einfluss der Mütter auf die Kinder – mit anderen Worten, man lande immer dabei, dass die Mütter schuld seien. Dazu ist kritisch zu bemerken, dass eine Gesellschaft, die den Kontakt zu den Kindern vor allem Frauen überlässt, angefangen von der Mutter bis zur Erzieherin und Lehrerin, natürlich eine einseitige Verantwortung beschließt und einen hohen Einfluss von „Mutterfiguren" auf die Entwicklung zulässt.

Im Freudianischen war die Psychoanalyse noch mehr personalistisch und biografisch verfasst, das hieß, es ging mehr um die Rekonstruktion der Erfahrungen mit der konkreten Mutter. Heute hat man erkannt, dass auch Erinnerungen trügerisch sein können und dass insofern „die Wahrheit" niemals ans Licht kommen kann und wird.

Was wir unternehmen, wenn wir Therapie machen, ist eine Annäherung an die individuelle Verarbeitung der Wirklichkeit durch unsere Patienten (und durch uns als Therapeuten). Irgendetwas völlig Objektives fehlt, und insofern wandeln auch Therapeuten und Patienten, trotz ihrer sicherheitsspendenden Theorien, in gewissem Sinn über dem Abgrund der Wirklichkeit. Eine Imagination hilft ihnen, mit ihrer Situation kreativ umgehen zu können. Dazu gibt es eine schöne Zeichnung von Paul Klee, die dies versinnbildlicht: sie heißt treffend *Der Seiltänzer*. Wir sehen deutliche Parallelen zur Geschichte in *Matrix*, die ebenfalls die Relativität unseres Welt- und Selbsterlebens zum Thema hat.

Doch folgen wir noch etwas der Spur der Mütter, schließlich heißt *Matrix* übersetzt so etwas wie „Muttertier". Die Analytische Psychologie beschäftigt sich mit dem Mütterlichen eher auf einer transpersonalen Ebene, indem sie nämlich vom „Mutterarchetyp" spricht. Jedem Archetyp werden positive und negative Aspekte zugeordnet, was natürlich auch hier zutrifft. Dabei sind die positiven und negativen Aspekte immer miteinander verschränkt und das macht die Sache so verwirrend. Die versorgende Seite des Mütterlichen ist es, die auch Angst machen kann vor Abhängigkeit und Überwältigtwerden.

In Filmen wird hier oft das archetypische Symbol der einen umgarnenden Spinne gewählt, so etwa in *Herr der Ringe*. Auch im übertragenen Sinn gibt es Mütterliches, etwa in Form der tragenden Erde, der wohlwollenden Atmosphäre, der Geborgenheit in einer Gruppe – all dies wird dem Mutterarchetyp zugeordnet, der sich über die Beschreibung dieser Qualitäten definiert.

Neo versucht nun, sich des Negativen im Mütterlichen zu entledigen. Er leidet daran, dass die meisten Menschen offenbar sehr zufrieden sind mit dem Leben in der nur vorgespiegelten und illusionären Matrix und will sie befreien. Dies verweist auf den nicht aufzulösenden Grundkonflikt unserer Existenz. Wir können uns zwar gefühlsmäßig und vor allem geistig aus Abhängigkeiten befreien, sind aber trotzdem „Geworfene", die mit der Begrenztheit ihres Lebens und ihrer Erkenntnismöglichkeiten fertig werden müssen. In genau dieser Spannung findet ja Leben und Kulturentwicklung statt.

Wenn Neo also im dritten Teil des Filmes stirbt, nimmt er damit vorweg, was immer gilt: Was eben noch als neu galt, ist nun schon alt und muss neuem Neuen Platz machen in der endlosen Kette des Lebendigen. Es gibt kein Leben ohne den Tod, keine Unabhängigkeit ohne die Akzeptanz der Abhängigkeit. Diese meist verdrängten Wahrheiten gelten heute genauso wie zu Freuds und Jungs Zeiten. Sie formulierten sie für die Tiefenpsychologie neu und halfen damit die Vorstellung zu entwickeln, dass Entwicklung im Inneren des Menschen stattfindet und erst dann in seinen Taten sichtbar werden kann.

Fazit

Die Psychoanalyse und auch die Analytische Psychologie Jungs befassen sich letztlich mit der Radikalität jeder Subjektivität. Wir können nie vorab wissen, was die Wirklichkeit eines anderen Menschen ausmacht und geprägt hat. Letztlich wissen wir das etwas besser, aber immer noch nicht vollständig am Ende jeder langen Psychoanalyse.

Die Konzepte der Psychoanalyse engen nicht ein, sondern sie machen es erst möglich, sich dem Individuellen anzunähern, es beschreibend bewusster zu machen. Dazu ist die Sprache ein mächtiges Werkzeug, aber auch die Bilder. Solcher Bilder bedienen sich die Kunst und auch der Film, um oft in verdichteter symbolischer Form etwas darzustellen, was nur mit vielen Worten und manchmal auch so letztlich nicht beschrieben werden kann.

Ein Bewusstsein für die Tatsache zu bekommen, dass wir alle auch Schöpfer unserer Wirklichkeit sind, ist wichtig, um die Relativität jeder Anschauung, jeder Meinung, jeder Wahrnehmung anzuerkennen. Wirklichkeit entsteht so am Schnittpunkt der Wahrnehmungen der Beteiligten und befindet sich in einem ständigen Wandel.

Was wir heute als Common Sense und was wir als unsere Wirklichkeit bestimmend ansehen, ist etwas völlig anderes als vor hundert Jahren. Der sich wandelnde Zeitgeist und das stetig wachsende und sich auch wandelnde Wissen über uns selbst müssen bedacht werden, wenn wir unsere Urteile über uns, unsere Mitmenschen und die Welt, die wir vorzufinden meinen, begründen wollen.

Psychoanalyse ist also nicht nur als eine Methode der Behandlung psychischen Leids anzusehen, sondern als philosophische und anthropologische Weltsicht, die kritische Fragen zu allen Konflikten und Fragen der Gegenwart zu stellen in der Lage ist, – darum würde es mir gehen. Das kritische Potenzial der Psychoanalyse, wie es Hans Sachs, Sandor Ferenzi, Wilhelm Reich und später auch die kritische Psychologie verkörperten und die heute etwa in der Neueren Gesellschaft für Psychologie, die sich derzeit in Berlin versammelt zum Thema „Migration", beheimatet ist, verdient wieder vermehrt beachtet zu werden, wollen wir die aktuellen gesellschaftlichen Veränderungen verstehen und besser bewältigen.

In dieser Richtung hat inzwischen auch die Analytische Psychologie einiges beizutragen, wie etwa die Arbeiten von Andrew Samuels zeigen, die sich mit aktuellen gesellschaftlichen und politischen Entwicklungen aus psychologischer Sicht befassen.

Volker Münch
Dipl. Psych., Psychoanalytiker in Germering b. München, 1. Vorsitzenderder C. G. Jung-Gesellschaft München, Dozenten- und Vortragstätigkeit. Interessenschwerpunkte: Gesellschaft und Psychoanalyse, Film und Psychoanalyse, Astrologie.

für Sie gesehen

Martin Liebscher (Hg.)

C.G. JUNG
ERICH NEUMANN
DIE BRIEFE
1933–1959

Analytische
Psychologie im Exil

EDITION C.G. JUNG

C. G. Jung und Erich Neumann
Die Briefe 1933 – 1959
Analytische Psychologie im Exil
Herausgegeben von Martin Liebscher
Patmos Verlag 2015
512 Seiten, € 58,00
ISBN-13: 978-3843606523

2015 wurde von Martin Liebscher der Briefwechsel zwischen C. G. Jung (1875 – 1961) und seinem Schüler E. Neumann, jüdischer Arzt und Psychologe (*1905 in Berlin, †1960 in Israel) herausgegeben. Das Buch ist sehr gründlich recherchiert. Die Einleitung gibt einen guten Überblick, die Anmerkungen helfen beim Verstehen.

Der Briefwechsel beginnt 1933, 1940–1945 (2. Weltkrieg) gibt es eine Pause, dann wird er wieder aufgenommen. Beim Lesen der Briefe fand ich mich sehr schnell hineingezogen und gefesselt, wie bei einem spannenden Roman. Es war schwer, das Buch zur Seite zu legen.

Die Verbindung von persönlichem Leben, inneren Prozessen, Gedanken, gesellschaftlich-politischer Situation und kollektivem Geschehen, der Entstehungsprozess und die Entwicklung von Ideen und Theorien, der Austausch darüber ist höchst lebendig zu lesen. Ein Stück Geschichte der Analytischen Psychologie im „status nascendi" entfaltet sich – immer wieder begleitet von menschlichen Verstrickungen, Rivalitäten, Machtkämpfen.

Neumann hält sich 1933 auf seiner Reise von Berlin nach Israel längere Zeit bei Jung in Zürich auf. Aus der folgenden Abgeschiedenheit im ihm fremden Land Israel heraus sucht er den Austausch mit Jung. In Inhalt, Länge und Häufigkeit der Briefe wird spürbar, dass Neumann des Kontakts mit Jung sehr viel mehr bedarf als umgekehrt. Manchmal entschuldigt er sich fast dafür. Gleichzeitig sucht er seine eigene Position der Autorität Jung gegenüber zu vertreten:

Ich glaube nicht, Ihnen sagen zu müssen, was Sie mir bedeuten und wie schwer es mir fällt, Ihnen entgegenzutreten."

Es geht um Jungs Aufsatz *Zur gegenwärtigen Lage der Psychotherapie* und seine Haltung zum Nationalsozialismus. Ab 1940 verstärkt sich die Isolation Neumanns aufgrund des Zweiten Weltkriegs. Eine weitere Korrespondenz ist nicht mehr möglich. Es scheint aber, als ob die konkrete Erfahrung von Enge, Gefahr, Beschränkung – auch materieller – die introvertierte Intuition und Kreativität Neumanns aktiviert. Wie in einem geschlossenen Gefäß entwickeln und verdichten sich seine Gedanken, die Grundlage späterer Bücher werden. Er muss aus innerem Drang schreiben, ohne zu wissen, ob er je Resonanz erhält oder etwas veröffentlich wird.

Diese leidenschaftliche Ergriffenheit, wenn ich so sagen darf, macht mir das Leben sinnvoll. [...] Dass ich im ganzen so inselhaft lebe hier, sehe ich als eine Voraussetzung für meine Entwicklung und Arbeit an ...
1. Brief nach dem Krieg, Oktober 1945

Mit der Veröffentlichung von *Tiefenpsychologie und Neue Ethik* beginnen die Spannungen zwischen den Jung'schen Kreisen in Zürich und Neumann. Jung sieht sich in einem hoch aufgeladenen Spannungsfeld:

Ihre Formulierungen sind brillant und von schneidender Schärfe; sie sind daher herausfordernd und aggressiv, ein Stoßtrupp auf freiem Felde, wo vordem nichts – leider – zu sehen war. Ich bin nicht händelsüchtig, aber streitbar von Natur, und darum kann ich Ihnen mein geheimes Vergnügen nicht verhehlen. Ich werde aber besorgt tun und meine Pflicht als Feuerwehrkommandant unter Umständen ausüben müssen

Brief von Jung Dez. 1948

Kränkungen, Enttäuschungen, Rivalität, Machtkampf, Schattenprojektionen um die „richtigen Positionen" bestimmen die Beziehung zwischen Neumann und den Züricher Jungianern. Trotz der Teilnahme Neumanns an den Eranostagungen seit 1947, seiner Dozententätigkeit in Zürich und zunehmender Bekanntheit entspannt sich das Verhältnis zu „Zürich" nie ganz. Verletzungen, Vorbehalte bleiben auf beiden Seiten.

Die Beziehung zwischen Jung und Neumann jedoch übersteht alle diesbezüglichen Wirrungen. Im Lauf der Jahre wandelt sich die Lehrer-Schüler-Ebene zwischen dem 30 Jahre älteren Jung und Neumann zu einem Gegenüber und freundschaftlicher, persönlicher Verbundenheit.

In der Lektüre der Briefe lässt sich ein Stück Entwicklungs-Prozess auf der subjektiven Ebene, im Beziehungsgeschehen von zwei Menschen und der kollektiven Ebene in ihrer Verflechtung nachvollziehen: Das ist hoch interessant und spannend. Ich kann das Buch nur empfehlen.

Maretta Steigenberger

Tilmann Lhündrup, Ursula Flückiger, Fred von Allmen
Mahamudra und Vipassana – Gewahr Sein Retreat-Unterweisungen
Badenweiler, Norbu-Verlag 2015
408 S., € 26,90, ISBN:978-3-944885-07-0

Das Buch wird im Geleitwort von Tsoknyi Rinpoche als Ergebnis eines bemerkenswerten Experiments bezeichnet. Die drei erfahrenen Lehrer haben zusammen ein 14-Tage-Schweige-Retreat in Beatenberg in der Schweiz gemacht, obwohl sie aus ganz unterschiedlichen buddhistischen Traditionen kommen. Sie haben diese 14 Tage dokumentiert und jeder Tag hat eine Überschrift.
1. Tag: Eröffnung und Einführung.
2. Tag: Im Hier und Jetzt ankommen, es geht um Ausrichtung und Motivation, um die Körperhaltung, sich achtsam niederlassen, im Körper zu Hause sein, um Gehmeditation, den Buddha in sich meditieren lassen etc.

Am 10. Tag: Was ist Anhaften, eine neue Haltung zum Spiel der Erscheinungen einnehmen, es geht um Selbst oder Nicht-Selbst: wer sind wir wirklich?

Am 14. Tag: Weitergehen, Annehmen und Loslassen, es geht um Nachsicht, Genügsamkeit, ethisches Verhalten etc.

Im Untertitel steht: Unterweisungen zur Einsichtsmeditation und Retreat-Praxis. Für Menschen, die sich mit Achtsamkeit beschäftigen oder meditieren, ist dies Buch eine Fundgrube von praktischen Übungen und Anleitungen. Es genügt, immer wieder ein paar Seiten zu lesen und darüber zu meditieren. Die geistigen Inputs weiten das Herz, öffnen den Geist und sind Labsal für Körper, Geist und Seele, nährend und erfrischend. Es wird deutlich, wie hilfreich es ist, aus Sektiererei herauszukommen, wenn wir an uns selbst erfahren, wie hilfreich andere buddhistische Schulen sein können.

Jack Kornfield schreibt in seinem Vorwort, die drei Lehrer tanzen den inspirierenden Tanz der Dharma-Lehren. Bei genauem Hinhören ist trotz der Verschiedenartigkeit von äußeren Formen die Botschaft das Wesentliche: Es geht um den befreienden Aufruf zum Erwachen des Herzens und um die Natur des Geistes. Kornfield schreibt weiterhin:

Nehmen Sie sich Zeit, wenn Sie diese Seiten durchlesen. Lassen Sie die bestens beschriebenen Praktiken einsinken und Ihr Leben verändern." Und weiter: *Das spirituelle Leben ist nicht als grimmige Pflichterfüllung gedacht. Es ist vielmehr das Erwachen zum Mysterium des Lebens und zu dem, was heilig ist …*

Ethische Grundregeln werden angesprochen, durch die wir auch im Alltag glaubwürdig und vertrauenswürdig werden. Heraklit wird zitiert: „Ethik ist der Schutzengel des Menschen." Was ich als Leserin auch besonders schätze ist, wenn Begriffe aus dem Buddhismus in den Fußnoten ausführlich erklärt werden. So brauche ich nicht extra nachschlagen.

Ein sehr empfehlenswertes Buch, das eine wohltuende geistige Weite hat.

Margarete Leibig

Christiane Lutz
Mythen und Märchen in der psychodynamischen Therapie von Kindern und Jugendlichen.
Kohlhammer 2016
190 Seiten, € 34,00
ISBN: 978-3-17-030157-3

Dieses Buch ist in der Reihe Psychodynamische Psychotherapie mit Kindern, Jugendlichen und jungen Erwachsenen (herausgegeben von Arne Burchartz, Hans Hopf und Christiane Lutz) erschienen und unterstreicht damit die Bedeutung von Mythen und Märchen in der therapeutischen Arbeit mit Kindern und Jugendlichen. Über diese Zielgruppe hinaus könnte das Buch auch für die psychotherapeutische Arbeit mit Erwachsenen viele bereichernde Anregungen geben.

C. Lutz lotet auf dem Hintergrund einer Begriffsklärung von Mythen und der Bedeutung von Märchen deren zeitenunabhängige und -überdauernde Bedeutung für menschliches Sein aus: In ihnen werden kollektive, sprich archetypische menschliche Erfahrungen symbolisch in Geschichten erzählt und sie helfen so Entwicklungskrisen, Konflikte und Schicksalsschläge in bildhafter Sprache auszudrücken und damit Lösungswege für je individuelle Krisensituationen zu finden. Parallelen zur therapeutischen Arbeit sind darin offenkundig.

Bezugspunkt für Lutz ist insbesondere die grundlegende Arbeit von C. G. Jung, der die archetypische Bedeutung von Mythen und Märchen für die psychische Entwicklung der Menschen und der Menschheit auf ihrem Individuationsweg beschrieben hat.

Der Vielfalt an Facetten der Thematik entsprechend bietet das vorliegende Buch mehrere inhaltliche Ebenen:

Ausgehend von einer Annäherung an den Begriff des Mythos wählt Lutz unter dem Gesichtspunkt ihrer Bedeutung für unseren mitteleuropäischen Kulturkreis Mythen aus, die in ihrer kompakten Darstellung eine gut lesbare Einführung in diese Mythen bedeuten und die jeweils mit exemplarischen Vignetten Anregungen für ihre Bedeutung in der psychotherapeutischen Arbeit geben. Dieses Prinzip, Mythos und Märchen unter thematischen Gesichtspunkten darzustellen und mit einer kurzen Vignette aus ihrer therapeutischen Arbeit exemplarisch in ihren Möglichkeiten für Therapieprozesse zu veranschaulichen, zieht sich wie ein roter Faden durch das Buch und eröffnet vielschichtige Anregungen und Bereicherung für die therapeutische Arbeit der Lesenden.

Im Einzelnen fasst Lutz exemplarisch aus der ägyptischen Mythologie den Weg der Erkenntnis im Amduat zusammen, einem Weg der Erkenntnis, der sich, so Lutz, „in zwölf Stufen vollzieht und die Gesamtheit des Lebens im Werden und Vergehen umschließt" (S. 23).

Im Unterschied zur griechischen Mythologie ist das Besondere an den ägyptischen Mythen deren ganzheitliche Sicht, in der keine Polarität wahrgenommen wird und zum Beispiel Licht und Schatten, Tag und Nacht, zusammengehören.

Demgegenüber spiegeln die griechischen Mythen nicht mehr Einheitlichkeit sondern Spaltung als Erleben im zunehmenden Bewusstseinsprozess der menschlichen Entwicklung wider. In ihnen finden sich zentrale (archetypische) Themen, denen Menschen in ihrer individuellen Entwicklung ausgesetzt sind, zum Beispiel Macht und Ohnmacht, Schuld und Sühne in der Mehrgenerationenperspektive und viele weitere, die Lutz jeweils anhand ausgewählter Mythen und therapeutischer Beispiele beschreibt.

Die bis heute geheimnisvollen Mythen der Etrusker stellt Lutz hinsichtlich ihrer Eingebundenheit in eine göttliche Ordnung dar, in der alles, die Natur, der ganze Kosmos eingebunden sind. Auf diesem Hintergrund bestand eine ausgeprägte Orientierung an sozialen Aspekten, einer Lebensführung, die sich an einem guten Gewissen, so Lutz, orientierte. Struktur, Grenzen und Regeln können aus diesen Mythen „unaufdringlich" in therapeutische Beziehung und Prozess einfließen.

Als vierte ausgewählte Mythologie stellt Lutz germanische Mythen exemplarisch dar mit den sehr menschlichen Eigenschaften ihrer Götter. Diese Mythen sprechen insbesondere auch Kinder an, weil sie in ihnen ihr eigenes Erleben von Polarität wiederfinden, unter anderen hinsichtlich Beziehungsbedürfnis und Bindungsgefahr, Liebe und Hass. Wichtig und hilfreich als Möglichkeit ist auch die Figur des Tricksters (Loki), der insbesondere Pubertierenden in seinen Ambivalenzkonflikten durch seine riskante Gratwanderung nahe ist.

Im zweiten Teil wendet sich Lutz Märchen zu und beschreibt zunächst nach einem kurzen Überblick über die Märchenforschung und die Bedeutung von Märchen für Kinder unterschiedliche inhaltliche Themen der Märchen, wie Märchen und Wunscherfüllung, Märchen und Kompensation, Entwicklungsmärchen, Reifungsmärchen, Erlösungsmärchen, die sie jeweils in ihrer psychologischen Bedeutung für menschliche Entwicklungsprozesse umreißt.

Anhand ausgewählter Märchenbeispiele stellt sie Beziehungen im Märchen dar, zum Beispiel zum Thema zweier gleich starker Partner in einem Machtkampf, das an das bekannte Märchen *Hans im Glück* erinnert. Hier

rezensionen

reagiert die Frau auf die Rückkehr ihres Mannes, der mit der gemeinsamen Kuh aufbricht, diese wie Hans im Glück tauscht und schlussendlich, sein letztes Tier, einen Hahn, gegen einen kleinen Geldbetrag tauscht, den er sogleich verbraucht, um sich etwas zu essen zu kaufen. Darauf die Frau: „Was brauche ich Kuh, Pferd, Schwein, Schaf, Ziege oder Hahn, wenn ich nur dich wieder zu Hause weiß." (S. 101)

Unterschiedliche Beziehungskonstellationen und -geschehnisse beschreibt sie anhand von bekannten und weniger bekannten Märchen und erläutert das psychodynamische Geschehen anhand von Beispielen aus Therapieprozessen: Mann-Frau-Beziehungen (u.a. *König Blaubart* und *Vom Fischer und seiner Frau*), Vater-Tochter- und Mutter-Tochter-Beziehungen (u.a. *König Drosselbart*, *Der liebste Roland*), Vater-Sohn- und Mutter-Sohn-Beziehungen (u.a. *Tischlein deck dich*, *Vom Bursch, der die Rattenprinzessin freite*), Geschwister-Beziehungen (u.a. *Brüderchen und Schwesterchen*).

Unter der Überschrift Polarität im Märchen finden sich die archetypischen Themen Angst und Zuversicht (u.a. *Die kluge Else*), Einsamkeit und Sehnsucht nach Verbundenheit (*Die zwei Schreine*), Depression und Aggression (*Die drei Männlein im Walde*), Gefährdung und Errettung (*Der begrabene Mond*), Verkanntsein im Wert, Erkanntwerden in Würde (*Binsenkappe*).

Im vierten und letzten Kapitel stellt Lutz jeweils einen Mythos und ein Märchen in ihrer entwicklungsfördernden Substanz angesichts spezifischer menschlicher Nöte dar wie Umgang mit Ohnmachtsgefühlen, Gefühle der Hoffnungslosigkeit, transgenerationaler Weitergabe schuldhafter familiärer Belastungen, Loyalität und Schuldgefühl.

In vielfacher Hinsicht gibt das Buch wertvolle Anregungen für die therapeutische Arbeit mit Kindern, Jugendlichen und jungen Erwachsenen, für deren Entwicklungs- und Individuationsprozess. Innerhalb der therapeutischen Beziehung können diese Geschichten etwas Drittes hinzufügen, das seinem Wesen gemäß unaufdringlich alle menschlichen Möglichkeiten bereithält, intuitiv von allen Altersgruppen verstanden beziehungsweise erfasst und im therapeutisch begleiteten Prozess selbst angeeignet werden kann. Die therapeutisch so wichtige Unterstützung und Entwicklung des menschlichen Bedürfnisses nach Autonomie ereignet sich so im Prozessgeschehen.

In der Elternarbeit kann der Rückgriff auf Märchen- und Mythenbeispiele wichtige Entwicklungsnotwendigkeiten von Kindern und Jugendlichen unaufdringlich, ohne belehrend daherzukommen, vermitteln und den Eltern so deren Aneignung ermöglichen.

Darüber hinaus können Märchen und Mythen für Therapeutinnen und Therapeuten selbst unterstützend in ihrer Reflexion hinsichtlich ihrer Haltung und ihres Verhaltens im Therapieprozess sein.

In seinem klaren Aufbau und der wiederkehrenden Struktur ist das Buch gut lesbar, Zusammenfassungen am Ende jedes Kapitels sind hilfreich für einen schnellen Überblick. Die sich daran anschließenden weiterführenden Fragen beziehen sich vor allem auf den Inhalt des Gelesenen, sie scheinen weniger weiterführend, sondern eher in einem didaktischen Sinne anzubieten, das Verständnis des Gelesenen zu überprüfen.

In jedem Fall bietet das Buch vielfältige Anregungen zum eigenen Weiterdenken und ist unbedingt für alle Kinder- und Jugendlichenpsychotherapeuten eine große Bereicherung, auch für Studierende ist es unbedingt empfehlenswert.

Birgitt Kreuter-Hafer

Rolf Kaufmann
**Monotheismus - Entstehung, Zerfall, Wand-
lung. Auf dem Weg zu einer individuellen
Spiritualität**
opus magnum 2016
352 S. , €12,90
ISBN: 978-3956120107

Seit der Aufklärung geht - zumindest hierzu-
lande - der Einfluss der christlichen Religion
zurück. Immer mehr Leute kehren der Kirche
den Rücken zu. Da stellt sich die Frage: Was
kommt danach? Der Autor des vorliegenden
Buches, der Theologe und Tiefenpsychologe
Rolf Kaufmann, widmet sich der Geschichte
des Monotheismus. Darüber hinaus zeigt und
begründet er, wie und warum die Kollektiv-Re-
ligionen in Zukunft von einer individuellen Spiritualität abgelöst werden.

Das Buch hat einen hohen Anspruch: Es will
Ordnung in den gegenwärtigen Dschungel der
Weltanschauungen bringen. In einer eingängi-
gen Sinuskurve stellt es die Entstehung, den
Zerfall und die Wandlung des Monotheismus

dar: Die entscheidenden Stationen dieser Entwicklung werden mit großer Sorgfalt unter die
Lupe genommen. Kaufmann scheut mitunter
nicht davor zurück, einzelne historische Prota-
gonisten einer Psychoanalyse zu unterziehen -
mit durchaus einleuchtenden Ergebnissen.

Dabei entwickelt Kaufmann die Gedanken
des Arztes und Psychotherapeuten Willy Obrist weiter, der die Geistesgeschichte unter
dem Gesichtspunkt der Evolution betrach-
tete. Die Entwicklung des Monotheismus
vollzieht sich nach Kaufmann im Einklang
mit der von Obrist postulierten „Evolution
des Bewusstseins". Er beschreibt das dia-
lektische Voranschreiten der Evolution: Die
archaisch-mythische Periode - die „These" -
dauerte von der Altsteinzeit bis zum Ende des
Spätmittelalters. In der europäischen Neuzeit
wurde sie von der heute vorherrschenden
positivistisch-rationalistischen Periode abgelöst. Diese rationalistische Verengung der
Aufklärung war die „Antithese". Diese wiederum wird einem integralen Zeitalter Platz machen, der „Synthese".

Der krisenhafte Umwandlungsprozess vom
ersten zum zweiten Weltbild ist noch nicht ab-
geschlossen. Er findet zurzeit in den kriegeri-
schen Auseinandersetzungen zwischen dem
islamistischen Terrorismus und dem säkularen
Positivismus statt; der bevorstehende Wandel
vom zweiten zum dritten Weltbild wird sich jedoch friedlich vollziehen.

Gemäß Kaufmann sind die Jahrhunderte der
Weltreligionen gezählt. Das Christentum, das
Judentum und der Islam sind seines Erach-
tens hoffnungslos veraltet: dogmatisch, hierarchisch, frauen-, leib- und fortschrittsfeindlich.
Er schüttet aber das Kind nicht mit dem Bade
aus, sondern nimmt das Bedürfnis des Menschen nach innerer Führung ernst, gibt diesem
jedoch eine ganz neue Basis.

Der heutige Materialismus kann die spirituellen Grundbedürfnisse nicht stillen, weil er einem seelenlosen Weltbild verpflichtet ist. Wir
leben nach Kaufmann in einem Zeitalter, das
die seelischen Bedürfnisse des Menschen mit
einer unüberschaubaren Menge von Äußer-
lichkeiten überdeckt. Darum ist das Leben vie-

ler westlich orientierter Zeitgenossen hohl und oberflächlich.

Menschen, die sich in den Kirchen innerlich nicht mehr zu Hause fühlen, suchen oft Zuflucht bei Freikirchen oder Gurus; dabei geraten sie in neue Abhängigkeiten und werden nochmals ans Gängelband genommen.

Es gibt jedoch keinen Weg zurück; die mit der europäischen Aufklärung einsetzende Befreiung des Menschen von religiösen Autoritäten ist irreversibel. So wenig der Mensch in den Mutterschoß zurückkehren kann, so wenig kann er sich heute noch in einer Religion geborgen fühlen, deren Basis das archaisch-mythische Weltbild ist. Dieses war ein duales, gekennzeichnet von der Trennung zwischen Diesseits und Jenseits. Träume und Visionen wurden als Botschaften von drüben verstanden. Große Visionen waren für die Religionen ewig gültig. Wer sein Leben nach den Dogmen der Religion ausrichtete, durfte mit dem ewigen Leben rechnen. Das half, die Mühsal der Gegenwart zu ertragen. Zweifellos boten die Religionen einst den ungebildeten Massen eine Heimat.

Seit der Aufklärung verlässt sich jedoch der Mensch zunehmend auf seinen eigenen Verstand. Die religiösen Dogmen geraten in Widerspruch zu den Entdeckungen der modernen Wissenschaften. Die Folge ist die Erosion des archaisch-mythischen Weltbildes. Das läutet den Niedergang der christlichen Religion ein. Für Kaufmann ist ausgemacht, dass sich nach der Entvölkerung der christlichen Gotteshäuser auch die Moscheen leeren werden.

Die Säkularisierung befreit den Menschen zwar von alten Autoritäten, bringt ihn aber gleichzeitig - wegen des Verlusts der Verwurzelung in seiner Psyche - in eine innere Not. Den evolutionsmäßig älteren Schichten - die er in den Religionen projiziert erfuhr - hat er sich entfremdet. Aber noch ist der moderne Mensch viel zu sehr seinem rationalen Verstand - der evolutionsmäßig jüngsten Schicht seiner Psyche - verhaftet. Im Unterschied zum Instinkt der Tiere ist die innere Führungsinstanz des Menschen nur vage ausgebildet. Der Zugang zum Unbewussten und dessen unendlich reichem Erfahrungsschatz ist verschüttet.

Einen Ausweg aus dem Dilemma bietet die Tiefenpsychologie, die das Jenseits der Alten ins Diesseits herein klappt und in der seelischen Tiefenschicht platziert. Träume und Visionen eröffnen dem Ich einen Zugang zum tieferen Selbst. Nun kann sich das Ich wieder mit seinem Seelengrund verbinden. Das Jenseits ist nun inneres Jenseits, das „Jenseits-des-Ichs" in der Tiefe der Psyche.

Das Weltbild der Zukunft ist nicht mehr dual wie das archaisch-mythische. Es ist monistisch; es gibt nur noch eine einzige Welt. Mit der Trennung von Diesseits und Jenseits ist auch die Trennung von Geist und Körper überwunden (darum gab Willy Obrist, Kaufmanns langjähriger Lehrer und Freund, einem seiner Bücher den Titel *Keine Materie ohne Geist*).

Den Menschen mit der Tiefenschicht seiner Psyche zu verbinden, war einst die Aufgabe der Religionen. Die Tiefenpsychologie eröffnet mit Freud einen neuen und zeitgemäßen Weg der Spiritualität, die via regia (Königsweg): Die gewissenhafte Beachtung der Träume und anderer Erzeugnisse der unbewussten Psyche.

Kaufmanns Buch ist sein siebentes, angeblich sein letztes. Wie dem auch sei: Es scheint auch mir - wie er selber sagt - seine Summa zu sein.

Thomas Mattig

Günter Schiepek
Neurobiologie der Psychotherapie

Mit Geleitworten von Hermann Haken, Wolf Singer und Felix Unger, 2., vollständig neu bearb. und erw. Aufl. 2011.
Stuttgart: Schattauer
702 Seiten, 224 Abb., 32 Tab. € 129,99
ISBN 978-3-7945-2674-1

Die Psychotherapie hat durch die neurobiologische Forschung sowohl eine handfeste Bestätigung ihrer Wirksamkeit als auch neue Impulse für die Weiterentwicklung des Faches erfahren.

Günter Schiepeks „Neurobiologie der Psychotherapie" bietet dem Leser einen ebenso breiten wie vertieften Einblick in aktuelle Forschungsgebiete und -trends, die für die Psychotherapie und ihre schulenübergreifenden Fortschritte von Bedeutung sind. Gleichzeitig zeigt das Buch den Stand bei der neurowissenschaftlichen Überprüfung psychotherapeutischer Effekte auf.

Über 100 Autorinnen und Autoren stellen die Funktionsweise des Gehirns bei der Generierung und Verarbeitung von Emotionen, Kognitionen und interpersoneller Kommunikation (Affective, Cognitive, Social Neuroscience) dar und bieten dem Leser eine Einführung in wichtige Messmethoden (MRT, PET, EEG), in die molekularen und zellulären Grundlagen von Hirnfunktionen sowie in die Psychoneuroimmunologie und Psychoneuroendokrinologie. In der Neuauflage nehmen die klinischen Aspekte der Neurobiologie und die hirnphysiologischen Korrelate psychischer Störungen breiten Raum ein. Diskutiert werden auch praktische Konsequenzen der Hirnforschung für eine Psychotherapie der Zukunft.

In mehreren Beiträgen wird das Gehirn als komplexes, nichtlineares System vorgestellt, in dem Prozesse der Synchronisation und Selbstorganisation eine zentrale Rolle spielen (Systemic Neuroscience). Mit den Themengebieten der Systemischen und Sozialen Neurowissenschaft werden höchst aktuelle und zukunftsweisende Entwicklungen aufgegriffen.

Dem Herausgeber Günter Schiepek ist es gelungen, für die einzelnen Themenbereiche international führende Experten zur Mitarbeit zu gewinnen, wodurch ein hohes fachliches Niveau, Aktualität und gute Verständlichkeit gleichermaßen gewährleistet sind.

Verlagstext

Impressum

Jung-Journal
Forum für Analytische Psychologie und Lebenskultur
Jahrgang Heft 36, September 2016
ISSN: 1867-4690 ISBN: 978-3-939322-36-8

Herausgeber
C. G. Jung-Gesellschaft Stuttgart Alexanderstr. 92, 70182 Stuttgart

Bankverbindung
opus magnum, Postbank, BLZ 60010070
Konto-Nr. 570344702
IBAN: DE60 6001 0070 0570 3447 02
BIC: PBNKDEFF

Erscheinungsweise, Abo, Vertrieb
Halbjährliches Erscheinen im März und September
Ein Jahresabonnement mit 2 Heften kostet € 15,-
incl. Versandkosten. Bestellungen über:
Internet: www.jung-journal.de
E-Mail: mail@jung-journal.de
Postadresse: opus magnum
Hirsauer Str. 39, 70569 Stuttgart

Redaktion
Prof. Dr. Lutz Müller, Anette Müller,
Margarete Leibig, Bernd Leibig, Dieter Volk

Beiratsmitglieder der C. G. Jung-Gesellschaften
Dr. Irene Berkenbusch (ISAP Zürich)
Dolores Henke (CGJ-Forum Freiburg)
Esther Böhlcke (CGJ-Gesellschaft Hannover)
Dr. Renate Daniel, (CGJ-Institut Küsnacht)
Christiane Neuen (CGJ-Gesellschaft Köln)
Ursula Arlart (CGJ-Gesellschaft Ulm)
Susanne Lindtberg (Psychologische Gesellschaft Basel)
Volker Münch (CGJ-Gesellschaft München)
Dieter Schnocks (CGJ-Gesellschaft Stuttgart)
Dr. Andreas Schweizer (Psychologischer Club Zürich)
Dr. Dörte Wrede (CGJ-Gesellschaft Hamburg)

Layout
Lutz Müller, Barbara Fischer

Texte zwischen den Artikeln
Lutz Müller, Anette Müller

Bildnachweise
Wenn nicht anders angegeben stammen alle Abbildungen
aus lizenzfreien Quellen des Internet.
Titelbild: Head and brain, Romanova Natali, shutterstock, 319379906

Webmaster
Walter Fleritsch

Druck
Kohlhammer Stuttgart

Verlag
opus-magnum, Stuttgart, www.opus-magnum.de
Die Inhalte der Artikel geben nicht unbedingt die Meinung der Redaktion
wieder. Für unverlangt eingesandte Manuskripte übernehmen wir keine
Haftung.